民族地区

企业家成长机制研究

杜俊义 ◎ 著

图书在版编目（CIP）数据

民族地区企业家成长机制研究 / 杜俊义著 . —北京：企业管理出版社，2023.10
ISBN 978-7-5164-2991-4

Ⅰ.①民… Ⅱ.①杜… Ⅲ.①民族地区 – 企业家 – 人才成长 – 研究 – 中国 Ⅳ.① F272.91

中国国家版本馆 CIP 数据核字（2023）第 232652 号

书　　　名：	民族地区企业家成长机制研究
书　　　号：	ISBN 978-7-5164-2991-4
作　　　者：	杜俊义
策　　　划：	杨慧芳
责任编辑：	杨慧芳
出版发行：	企业管理出版社
经　　　销：	新华书店
地　　　址：	北京市海淀区紫竹院南路 17 号　　邮编：100048
网　　　址：	http://www.emph.cn　　电子信箱：314819720@qq.com
电　　　话：	编辑部（010）68420309　　发行部（010）68701816
印　　　刷：	北京亿友数字印刷有限公司
版　　　次：	2023 年 12 月第 1 版
印　　　次：	2023 年 12 月第 1 次印刷
开　　　本：	710mm×1000mm　　1/16
印　　　张：	11.25 印张
字　　　数：	184 千字
定　　　价：	78.00 元

版权所有　翻印必究·印装有误　负责调换

广西人文社会科学发展研究中心"科学研究工程·后发地区经济高质量发展理论研究"专项项目"民族地区企业家成长机制研究（项目编号：GZL2019015）"

前 言

在我国经济发展进入新常态，着力推动高质量发展的背景下，企业家作为我国经济活动的重要主体，是推动社会经济发展的重要力量，企业家的成长越来越受到各界的关注。本书以民族地区企业家[①]为研究对象，研究其成长机制。由于已有学者对企业家的研究通常是以静态和一维为基础，没有考虑到企业家成长受到不同地理环境因素、不同成长阶段、不同产业的影响，以至于对民族地区企业家成长机制的研究缺乏针对性和科学性，而且现有文献对民族地区企业家成长的机制也没有做系统的研究。民族地区企业家作为该区域市场经济中最活跃的主体，从理论上研究民族地区企业家成长的机制，对于民族地区企业家的快速健康成长和民族地区市场经济的持续健康发展都具有重要的意义。培养优秀的企业家是发展区域经济的关键，在经济发展较为缓慢的民族地区显得尤为重要。基于此，我国提出了区域协调发展战略。在这样的背景下，对民族地区企业家的成长机制进行研究具有重要的现实和战略意义。因此，本书对民族地区企业家成长机制进行研究，不仅能够在一定程度上丰富企业家成长理论，拓展企业家精神的内涵，推动基于企业家成长的民族地区经济发展理论的发展，而且

---

① 民族地区企业家指的是在我国民族地区有着创新创业精神、经营管理能力，并致力于推动当地经济社会发展的企业家，他们创办的企业带动了当地的就业，为经济发展贡献了力量，推动了民族的团结和社会的进步。

有利于推动民族地区经济高质量发展、民族地区企业竞争力的构建,以及民族地区相关政策的制定,为民族地区企业家的成长创造良好的政策环境。

本书在文献回顾的基础上,对民族地区企业家进行界定,分析民族地区企业家成长的现状,从理论上分析影响民族地区企业家成长的因素,在此基础上构建民族地区企业家成长机制模型,并对民族地区企业家成长情况进行案例分析,提出促进民族地区企业家队伍成长的对策建议。

本书的主要观点如下。

(1)民族地区企业家是在民族地区进行创业或从事企业经营活动的组织者或经营者,他们将民族地区的各种生产要素整合优化,进行企业的风险决策和创新活动。民族地区企业家作为创业者,具有风险意识、创新精神和敢于行动的特征;作为企业经营者,拥有企业管理决策权,承担经营管理责任,并获取相应的经营收益。

(2)民族地区企业家精神是民族地区经济社会发展的精神力量,是民族地区企业家所拥有的爱国担当、诚信守法、创新创业、国际视野等精神的统称。民族地区企业家热爱祖国,对国家、民族、当地怀有崇高的使命感、责任感和担当精神,把企业发展与地区发展紧密结合,努力创造价值,推动民族地区的经济发展社会进步。诚信守法是新时代民族地区企业家精神的基本要求,也是民族地区企业家和企业保持良好形象的内在要求。创新创业精神体现了民族地区企业家不安现状、敢于冒险、与时俱进、敢为人先、开拓创新、义无反顾的精神。全球化视野不仅是一种区域和空间范畴,在一定程度上也代表了中国企业家的大格局观。大胸怀、大视野、大智慧是新时代企业家应该保持的良好精神状态。拓宽国际视野是在新的时代背景下对民族地区企业家的新要求,也是新时代民族地区企业家精神的重要体现。

(3)民族地区企业家成长存在的问题主要表现在:经济环境需改善、缺乏有效的企业家市场、保护企业家合法权益的制度不健全、企业家精神缺位。

（4）民族地区企业家的成长是一个动态的、系统的过程，既受到内在因素的制约，又受到外在因素的影响。因此，民族地区企业家的成长是内外在因素共同作用的结果。

（5）民族地区企业家成长机制主要包括内在机制和外在机制两个方面。其中，内在机制包括动力机制和能力机制，动力机制包括外在动力和内在动力，能力机制包括机会能力、管理能力、承压能力和社交能力等；外在机制主要是环境机制，体现在地理环境、文化环境、市场环境和制度环境四个方面。

（6）促进民族地区企业家队伍成长的对策建议主要有：营造有利于民族地区企业家成长的文化环境，建立有利于民族地区企业家成长的市场环境，健全有利于民族地区企业家成长的制度环境，构建新时代民族地区企业家精神。

本书的出版得到广西师范大学经济管理学院学术著作出版资助。本书也是广西人文社会科学发展研究中心"科学研究工程·后发地区经济高质量发展理论研究"专项项目"民族地区企业家成长机制研究（项目编号：GZL2019015）"的研究成果。

本书的撰写得到了本人指导的硕士研究生姜华、匡凤娇、董润阳、冯俊杰的帮助，他们参与了文献收集、资料整理等工作，在此对他们表示感谢。本书能够顺利出版还要感谢学院负责统筹专著出版的老师，以及企业管理出版社的编辑和相关工作人员，感谢他们辛劳的付出。

尽管作者在撰写过程中注意各种规范，但书中仍然可能存在一些疏漏，恳请专家和读者批评指正。

目 录

第一章 绪 论 001

　第一节 研究背景与研究意义 002

　　一、研究背景 002

　　二、研究意义 005

　第二节 研究内容与研究方法 007

　　一、研究内容 007

　　二、研究方法 008

第二章 企业家成长机制研究综述 009

　第一节 企业家理论 010

　　一、"企业家"起源 010

　　二、企业家研究的发展 011

　　三、企业家成长理论 024

　第二节 企业家成长的模式 038

　第三节 企业家成长的机制 041

　　一、企业家成长机制的定义 041

　　二、企业家成长机制的划分 041

　第四节 研究述评 051

一、企业家理论…………………………………………… 051
二、企业家成长模式……………………………………… 053
三、企业家成长机制的分析路径………………………… 054

第三章 民族地区企业家成长现状 057

第一节 民族地区企业家成长历程及现状分析 059
一、民族地区企业家发展历程…………………………… 059
二、民族地区企业家发展现状…………………………… 062

第二节 民族地区企业家成长的环境分析 065
一、地理环境……………………………………………… 065
二、文化环境……………………………………………… 068
三、市场环境……………………………………………… 069
四、制度环境……………………………………………… 070

第三节 民族地区企业家成长存在的问题分析 071
一、经济环境需改善……………………………………… 072
二、缺乏有效的企业家市场……………………………… 074
三、保护企业家合法权益的制度不健全………………… 075
四、企业家精神缺位……………………………………… 076

第四章 民族地区企业家成长影响因素分析 079

第一节 内在因素分析 080
一、人力资本因素………………………………………… 081
二、个体因素……………………………………………… 084

第二节 影响民族地区企业家成长的外在因素分析 091
一、企业外部环境………………………………………… 092
二、企业内部环境………………………………………… 097
三、内外在因素的互动…………………………………… 100

第五章 民族地区企业家成长机制的设计 103

第一节 民族地区企业家成长的特殊性 104
一、民族地区的自然地理和文化环境具有特殊性 104
二、民族地区的经济与制度环境具有特殊性 106

第二节 民族地区企业家成长机制的设计框架 107
一、外在机制 108
二、内在机制 110

第六章 影响民族地区企业家成长机制的因素研究 115

第一节 研究内容与方法 116
一、研究内容 116
二、研究方法 117

第二节 民族地区企业家成长机制的典型案例 118
一、案例一：桂林三金药业股份有限公司创始人
——邹节明 118
二、案例二：贵阳南明老干妈风味食品有限责任公司
——陶华碧 125
三、案例三：广西索芙特股份有限公司——梁国坚 131

第七章 促进民族地区企业家队伍成长的对策建议 139

第一节 营造有利于民族地区企业家成长的文化环境 140
一、加大民族地区的教育投入 140
二、建立民族地区的创业文化 141
三、加强民族地区的文化交流 142

第二节 建立有利于民族地区企业家成长的市场环境 143

第三节 健全有利于民族地区企业家成长的制度环境 146
一、创造有利于民族地区企业家成长的政策环境 147

二、完善有利于民族地区企业家成长的体制机制……………… 148

三、构建符合民族地区经济社会发展需求的人才评价体系… 149

第四节　构建新时代民族地区企业家精神……………………… 150

一、创新人才培养机制…………………………………………… 152

二、构建自我演进机制…………………………………………… 153

参考文献……………………………………………………………… 155

第一章 绪 论

第一节 研究背景与研究意义

一、研究背景

(一)企业家已成为我国经济活动的重要主体

2017年9月,中共中央、国务院出台的《关于营造企业家健康成长环境 弘扬优秀企业家精神 更好发挥企业家作用的意见》中指出,企业家是现代社会经济发展活动中的重要主体。从我国实施改革开放以后,在市场竞争中诞生了一大批优秀企业家和具有核心竞争力的企业。在企业家成长发展的过程中,他们为国家和地方创造了财富、创造了就业岗位、促进了市场经济的发展,为国家和地方经济建设及社会发展做出了重要贡献。因此,营造有利于企业家健康成长的环境、构建和弘扬优秀企业家精神、更好地发挥企业家在市场经济中的作用,对我国深化供给侧结构性改革、激发市场活力、实现经济社会持续健康发展具有重要意义[1]。

新时代中国特色社会主义市场经济发展活力来自人,特别是来自企业家,更确切地说是来自企业家精神。自1978年以来,我国在改革开放的进程中逐步建立和不断完善社会主义市场经济体制,市场体系不断发展壮大,各类市场主体蓬勃成长。据有关部门统计数据,截至2021年11月初,我国市场主体总量已突破1.5亿户。伴随各类市场主体的成长和发展,我国出现了一大批既有胆识和谋略,又敢于创新的企业家,他们在市场中逐渐成长起来,表现出鲜明的时代特征、民族特色和世界水准,他们组成了中国当代企业家队伍。2018中国企业家队伍成长与发展调查综合报告——

---

[1] 中共中央 国务院关于营造企业家健康成长环境弘扬优秀企业家精神更好发挥企业家作用的意见[N]. 人民日报,2017-09-26(001).

《成就与梦想：中国企业家40年成长之路》中指出，企业家对我国社会经济发展做出了重大贡献，主要体现在推进市场化进程，促进国家创新能力提升，推动全球化发展、优化对外经济结构，完善现代企业管理制度和入世后商业信用环境明显改善这五个方面。企业家在推进市场化进程方面做出的贡献主要表现在：促进市场经济体制建立、推动产权制度改革、突破区域行政分割、促进全国市场融合。企业家在促进我国创新能力提升方面的成就主要体现在：企业作为创新主体的地位逐步显现，创新在企业竞争中的作用不断增强，从引进消化吸收向自主创新转变几个方面。

企业家不但是我国经济社会发展中最活跃的群体，而且是经济高质量发展的践行者。2021年我国的GDP突破110万亿元，达到114.4万亿元，比2020年增长8.1%。2021年面对百年变局和新冠疫情，我国经济发展仍然取得了新成就。面对新时代、新形势、新任务、新要求，企业家们勇于创新实践，为我国经济高质量发展做出了贡献。在VUCA[①]环境下，企业家们主动顺应当前形势的发展，积极整合资源，构建企业竞争优势。企业家们通过学习，适应新时代、新形势下发展变化的环境，不断提升管理能力，完善对企业的管理，增强企业的创造力和竞争力。企业家们通过提升企业文化引领能力，增强企业文化的凝聚力和向心力。针对企业未来的发展，企业家们根据不同行业、不同地区的实际情况进行分析和研判，根据经济、技术等发展的趋势去思考和谋划企业的发展战略，成为区域经济高质量发展的积极实践者和推动者，为我国经济高质量发展做出贡献[②]。

（二）民族地区企业家成为当地经济发展的重要力量

企业家的首要责任是创建企业并成功运营企业，为社会创造价值。近

---

① VUCA是Volatility（易变性）、Uncertainty（不确定性）、Complexity（复杂性）、Ambiguity（模糊性）的缩写，用来描述当今时代的特征。

② 钱勇,陈艺文.企业家如何为经济高质量发展贡献力量[J].中国中小企业,2021,302(01):72-73.

年来，民族地区企业家发扬优秀企业家的光荣传统和新时代企业家精神，怀着对国家、对民族的崇高使命感和强烈责任感，把企业的发展主动融入地区繁荣、乡村振兴，服务地方经济社会发展。民族地区企业家在服务地方经济社会发展中，主动担当敢于作为，把满足民族地区经济的发展需求、满足民族地区人民群众的需求作为奋斗的目标，为民族地区经济社会的发展做出了巨大贡献。民族地区企业家不断创新推动企业发展，扩大了就业，贡献了税收，解决了民族地区的一些社会问题（如贫困等）。因此，民族地区企业家是民族地区经济长期可持续发展的真正动力，是民族地区经济社会发展的重要力量。

随着民族地区经济的发展，为适应社会和人民生活的需要，产生了许多新兴的行业。民族地区企业家们主动研判当前经济社会发展的形势，适时调整企业发展战略，积极抓住新兴行业的市场发展机遇，通过整合优势资源投入相关行业进行创业。面对复杂多变和具有严峻挑战的国内外形势，民族地区改革和发展将面临艰巨而繁重的任务，越来越多的企业和企业家逐步成长起来。民族地区企业家具有更强的责任感和使命感、更加爱国和敬业、更具有开拓和创新精神，依靠产品、技术和体制机制创新，面对复杂的外部环境，在竞争中不断成长，不断构建企业的动态能力，增强企业的核心竞争力；通过不断学习技能和优化管理水平，不断降低企业成本、增加企业效益，不断促进企业成长；为民族地区经济和社会发展提供了持续动力，促进当地经济社会平稳健康地发展，同时在企业发展中培育和聚集更多优秀人才。当前，民族地区企业家们作为民族地区经济建设的重要主体，深入贯彻新发展理念，根据中央与地方政府的部署要求，弘扬新时代企业家精神，实干创新将企业不断发展壮大，为民族地区经济高质量发展提供了有力保障和坚强支撑。

（三）民族地区企业家的成长受到广泛关注

党中央、国务院对企业家的成长高度重视。2019年9月，国家发展改革委发布了《关于建立健全企业家参与涉企政策制定机制的实施意见》(以下简称《意见》)。《意见》中明确指出,建立政府重大经济决策主动向企业家问计求策的程序性规范,集思广益、发扬民主,推动企业家积极参与涉企政策制定,调动广大企业家的积极性、主动性、创造性,更好发挥企业家作用,坚定企业家信心、稳定企业家预期,促进经济持续健康发展。《意见》发布后,民族地区的政府部门对其做了政策上的解读,指出要加快建立政府涉企政策主动向企业家问计求策的程序性规范,激发企业家参与涉企政策制定的积极性、主动性、创造性,建立常态化政企互动机制,积极回应企业合理诉求,增强各项涉企政策的科学性、规范性、实效性,提升企业家信心、稳定企业家预期。部分民族地区还出台了关心关爱企业家的政策,从保护企业家的合法权益、激发企业家创新创业活力、健全联系服务企业家制度、培育优秀企业家队伍、完善企业家激励机制、弘扬优秀企业家精神等方面营造尊重企业家、爱护企业家、服务企业家的良好营商环境,助推民族地区企业家的成长。

二、研究意义

(一)理论意义

1. 在一定程度上丰富企业家成长理论

民族地区企业家的成长具有独特性,由于受到民族地区特有的地理环境、社会文化、宗教信仰等复杂因素的影响,其成长路径也具有特殊性。本书对民族地区企业家成长影响因素进行了深入分析,在此基础上构建民族地区企业家成长机制模型,进而得出民族地区企业家成长的机制,是对企业家成长理论的拓展和丰富。

2. 在一定程度上拓展企业家精神的内涵

在2021中国500强企业高峰论坛平行论坛"新时代背景下的中国企

业家精神"上,张玉利教授指出"不同时代一定会有不同时代的企业家精神的内涵,应该关注时空情境。不同区域、不同国家的发展阶段不同,也不一样,东北和南方的企业家有共性也有差异"。民族地区企业家具有组织生产要素、整合各种资源寻求商机以及创新商业模式的特殊才能。他们通过创业和自身的不断成长为当地创造了就业机会,为当地的经济发展做出了贡献。企业家精神应与企业家的成长和企业的建设发展联系起来,体现企业家精神的引领性。因此,研究民族地区企业家的成长机制能够在一定程度上拓展企业家精神的内涵。

3. 在一定程度上推动基于企业家成长的民族地区经济发展理论的发展

民族地区经济发展理论是区域经济发展理论的一个重要组成部分,对民族地区经济发展理论的研究也可以看作区域经济发展理论的一部分。本书对民族地区企业家的成长机制进行了研究,探讨了民族地区企业家对当地经济发展的作用机理。这一研究是对区域经济理论的丰富和拓展,能够在一定程度上推动基于企业家成长的民族地区经济发展理论的发展。

(二)现实意义

1. 有利于推动民族地区经济高质量发展

经济高质量发展的特征表现为创新性、再生性、生态性、精细性、高效益。经济高质量发展要转变经济增长方式,要从原有的粗放型增长方式转变为经济建设、政治建设、文化建设、社会建设、生态文明建设"五位一体"全面可持续发展的增长方式。民族地区要实现经济高质量发展,就要发挥企业家在经济发展中的重要作用。本书通过对民族地区企业家成长机制的研究,将有利于民族地区企业家的发展,推动民族地区经济增长方式的转变,从而促进民族地区经济高质量发展。

2. 有利于民族地区企业竞争力的构建

企业的长远发展依赖于爱国、创新、诚信、社会责任和国际视野的企业家精神。企业家精神是企业成长的原动力，也是企业构建竞争力的基础。民族地区企业家不断成长，不但夯实了新时代的企业家精神，也为民族地区企业发展构建了竞争力和竞争优势。因此，本书研究民族地区企业家的成长对指导民族地区企业如何在不确定的环境中通过企业家的成长培育企业竞争力，实现民族地区可持续发展具有重要的现实意义。

3. 有利于民族地区制定相关的政策

企业家是提升民族地区竞争力的主要因素，但民族地区企业家的成长需要有利于促进企业家成长的相关政策并创造良好的政策环境才能得以实现。本书通过研究提出了促进民族地区企业家队伍成长的对策建议，有利于民族地区政府制定有利于企业家成长的相关政策，为企业家的成长创造良好的政策环境。

第二节　研究内容与研究方法

一、研究内容

本书以民族地区企业家成长为具有新时代企业家精神的企业家为主线，深入研究了民族地区企业家成长的机制问题。全书共七章，内容安排如下。

第一章是绪论，主要介绍了本书的研究背景、研究意义，并对研究内容和研究方法进行了阐述。

第二章是企业家成长机制研究综述，主要从企业家理论、企业家成长的模式、企业家成长的机制等方面结合国内外相关文献进行梳理和总结，并对文献进行评述，指出本书研究的贡献。

第三章是民族地区企业家成长现状，从民族地区企业家成长的基本状况、民族地区企业家成长的环境和民族地区企业家成长存在的问题等三个方面进行分析。

第四章是民族地区企业家成长影响因素分析,主要从影响民族地区企业家成长的内在和外在因素进行分析。

第五章是民族地区企业家成长机制的设计,基于民族地区企业家成长机制理论分析,结合民族地区企业家成长的特殊性,设计出民族地区企业家成长机制的框架。

第六章是影响民族地区企业家成长机制的因素研究,选取典型的民族地区企业家成长的案例,对民族地区企业家成长机制进行分析。

第七章是促进民族地区企业家队伍成长的对策建议。

二、研究方法

(一)文献研究法

为了深入把握企业家、企业家成长等概念的内涵和理论的发展情况,作者对国内外权威数据库进行了相关文献的搜索,并查阅相关的专著、新闻报道,在对已掌握的相关文献进行梳理的基础上,对民族地区企业家进行界定,从理论上分析影响民族地区企业家成长的因素,并在此基础上构建民族地区企业家成长机制模型。

(二)案例研究法

案例研究是一种实证研究方法。本书在对民族地区企业家成长机制理论分析和模型构建的基础上,选取民族地区企业家成长的典型案例,从而对民族地区企业家成长机制模型进行佐证。

(三)规范研究法

基于企业家和企业家成长机制的理论分析,根据民族地区企业家成长的现状及存在的问题,结合影响民族地区企业家成长的因素和民族地区企业家成长机制模型,提出促进民族地区企业家队伍成长的对策建议。

第二章 企业家成长机制研究综述

第一节 企业家理论

一、"企业家"起源

"企业家"一词最早起源于法文单词 entreprendre，后来逐渐在西方普及。企业家的起源可以追溯到古代文明时期。在古希腊和古罗马时期，已经有一些出色的商人，如波利克拉特斯和佩鲁贾，他们通过创新和创业活动在商业和政治领域取得了巨大的成功。在中世纪的欧洲，威廉·德·劳德等商人也通过创新的货币兑换方式和经商活动扩大了自己的影响力，增加了自己的财富。这些早期的企业家为后来的商业、经济发展打下了坚实的基础，他们的成功实践也成为后来所有企业家的启示，培养了创新和创业的精神，推动了经济发展的进程。

18世纪的法国经济学家理查德·坎蒂隆在1775年出版的《商业概论》一书中，首次将这一概念引入经济学和管理学理论，并将那些"按照固定价格购买和按照不确定价格出售"的风险承担者称为企业家。坎蒂隆认为，零售商、批发商、运输商、农场主等不同角色的人士，甚至包括乞丐和土匪，都可被视为企业家，他们的区别在于他们所承担的收入风险程度[①]。根据可考证的资料，最早强调企业家的重要地位的是让－巴蒂斯特·萨伊（Jean·Baptiste Say，2014），他的观点是：企业家是可以预测到特定产品和生产资料的需求、找到客户并克服困难、做出将所有生产要素结合起来的经济行为。诺贝尔经济学奖获得者肯尼斯·阿罗（Kenneth Arrow，2014）认为，"市场经济培养了企业家，企业家发展了市场经济，市场经济是企业家的经济"。目前，从经济学家观察角度和所处经济阶段来看，企业家

---

① 高勇，高峰. 企业家职能：理论的演进与发展[J]. 华东经济管理，2001(02)：38-39.

大致有古典式企业家、奈特式企业家、柯兹纳式企业家、熊彼特式企业家四种类型。

二、企业家研究的发展

（一）国外学者对企业家的研究

随着社会分工和商品经济的发展，企业家理论也伴随着企业组织的变化而变化。从18世纪到21世纪的300多年中，国外关于企业家理论的研究大致分为三个时期：古典经济学时期、广义古典经济学时期、现代经济学时期。

1. 18世纪中到19世纪：古典经济学时期

古典经济学对企业家的研究是经济学领域的重要分支之一。早期经济学家如亚当·斯密、约瑟夫·斯坦恩等先驱将企业家视为经济增长的关键要素。他们强调企业家的创新和创业活动对市场经济的发展至关重要，因为企业家首先意识到新的商业机会，将资源重新整合来满足这些新机会的需求。此外，这些经济学家认为，企业家通过改进生产流程、降低成本和提高效率，进一步促进了经济的发展。现代经济学家在这些经典学说的基础上进一步探讨了企业家的角色和作用，研究了如何评估企业家的价值和贡献，通过深入分析企业家行为和决策制定过程，为企业家提供更科学的指导和策略支持。

对"企业家"的研究最早可以追溯到法国的经济学家理查德·坎蒂隆（Richard Cantillon），后来关于"企业家"理论的研究著作显著增多。作为古典经济学创始人的亚当·斯密，他认为"看不见的手"指引着各种资源的配置[①]。于是，在此机制下，企业家在经济增长中丧失了其独有的特殊性，与理查德·坎蒂隆不同的是，亚当·斯密认为国家财富积累的重要决定因

---

① 刘志永. 企业家及企业家理论的历史演变[J]. 商业经济研究, 2016(09):91-93.

素是资本而非作为资本积累载体的资本家（坎蒂隆所说的企业家）。虽然亚当·斯密描述的企业家发挥的作用是有限制性的，但是他没有否认"买卖是需要人来经营的"。19世纪，萨伊（2014）重新对"企业家"角色进行了审视。萨伊认为，企业家的职能是"把各种生产要素组合为一个生产有机体"。因此，企业家们被重新塑造了形象。企业家承担的中介人角色对企业发展具有重要的作用。从这一角度来看，萨伊对于企业家的分析具有非常大的进步性，但他没有进一步对企业家的职能进行分类。与萨伊同时代的、与亚当·斯密同样偏向财富研究的大卫·李嘉图也没有给予企业家太多的关注。

在这一时期，以英国经济学家为代表的主流经济学盛行一时。这是因为他们对经济学领域做出了极为重要的贡献。亚当·斯密、约瑟夫·斯坦恩等经济学家的著作被广泛传播，他们的经济理论和思想在欧洲各国迅速流传。他们强调市场自由、竞争和创新对经济发展的重要性，提出了劳动分工、比较优势等经济学原理，定义了财富和价值的概念，为后来的经济学家提供了重要的思想启示。主流经济学在18世纪和19世纪风靡一时，对当时的经济和社会发展产生了深远的影响，甚至直到今天仍然是重要的基础理论之一。然而，随着时代的变迁和技术的进步，人们对经济学的学科范畴和研究目标进行了深入思考和讨论，主流经济学也发生了一定的变化和转变。

但是，德国学者约翰·海因里希·冯·杜能在其著述《孤立国》（1826）中首次把管理人员和企业家的作用在企业活动中区分开来。在他看来，企业家是那些承担风险并付出才能和努力的人。除此之外，德国的一位经济学家曼戈尔特（Mangoldt）将坎蒂隆的不确定性和风险思想引入生产，根据生产是否承担风险，将生产分为不承担风险的按指令生产和面向不确定性的市场生产。后者的不确定性使得企业家的创新对企业发展至关重要。然而，这些非主流学者的见解并没有在经济学界引起足够的关注。

2. 19世纪70年代到20世纪30年代：广义古典经济学时期

19世纪60年代后期，第二次工业革命的发展使人类进入了"电气时代"。在这一时期，企业家的发展表现为独立性和主观性的增强。这一时期的企业家更加注重商业机会的发掘和利用，通过自身的劳动和创新活动获得巨大收益。亚当·斯密等经济学家的思想强调了商业自由和市场竞争，鼓励企业家开拓新的市场和资源，从而推动了市场经济、工业化和城市化的发展。同时，随着制度和政治环境的稳定，企业家在社会地位和权力方面也得到了进一步的提升，他们开始进入政治和公共事务领域，发挥更大的影响力和作用。这一时期企业家的特点是注重自身发展和利益，走向商业和资本的多元化，并在政治和公共领域实现转型和影响力的扩大。这一时期的企业家们的创造力和实践经验为后来的经济学理论建设和市场发展提供了重要的基础和参考。

因此，19世纪70年代是经济学史上的重要节点。从19世纪70年代到20世纪30年代的这一时期，实现了古典经济学向新古典经济学的过渡并由此形成了广义古典经济学时期。这一时期主要的学派被划分为三个主要分支：洛桑学派、新古典经济学派、奥地利学派。

（1）洛桑学派

洛桑学派是一个重要的管理理论流派，旨在研究企业家、企业和组织的行为和决策。这个学派的贡献之一是将企业家视为一个网状的社会系统成员，考虑到企业家的背景、价值、网络、自我认知等方面对企业家行为的影响，并强调企业家行为的复杂性和不确定性。在洛桑学派的研究中，企业家行为主要受社会文化背景、资源限制、组织结构等因素的影响，因此，企业家的行为和决策需要在这些因素的交互作用下进行分析。通过强调企业家是一个相互作用的系统，洛桑学派在企业家研究中阐述了社会和人的背景在企业家行为决策中的作用，同时拓宽了对企业家的认知和理解。该派别的理论对于深化对企业家和企业行为的研究具有重要意义。

洛桑学派是在 19 世纪 60 年代位于瑞士的洛桑大学创立的。其主要代表人物有瓦尔拉斯（法国）和帕累托（意大利）两位经济学家。作为一般均衡理论体系的建立者，瓦尔拉斯（Walras，1874）认为企业家既不属于管理式的，也不属于古典经济学家所研究的资本式的，企业家只是在价格机制的引导下在非均衡与均衡之间发挥了一座"桥梁"的作用。瓦尔拉斯认为，企业家是将经济学整合在一起的黏合剂。与其他古典经济学家不同，瓦尔拉斯生动真实地描绘了企业家行为。在他众多的一般均衡模型中，真实的企业家行为被排除在模型之外。事实上，在达到均衡之前，企业家只是在价格机制的引导和带领下，对不均衡作出反应，并不是主动发现不均衡。他的收入仅仅是作为"桥梁"的回报，也就是"熊彼特式"的报酬。因而，熊彼特对瓦尔拉斯的评价是这样的，他对企业家认识的贡献虽是消极的，但是却很重要[1]。

（2）新古典经济学派

新古典经济学派是一个重要的经济学派别，对企业家的研究产生了重要的影响和启示。新古典经济学派认为，企业家是一种特殊的生产要素，是市场经济中企业取得成功的重要因素之一。该派别重视企业家的决策能力和机会成本意识，认为企业家需要在各种选择中比较可能的收益和成本，做出最优决策。同时，新古典经济学派也注重企业家个人素质和外部环境对企业家的影响。企业家需要具备较高的资本和技术素质，同时需要面对市场竞争、政策扶持和社会环境等各种因素。在企业家的研究中，新古典经济学派从市场理性行为、机会成本、边际效益等角度审视企业家行为，使得企业家的研究更贴近市场实际，并对企业家的发展提供了重要参考。新古典经济学派对企业家的研究致力于深入探究企业家活动的本质和规律，它起源于马歇尔与奥地利学派。马歇尔是最先从管理者的角度去分

---

[1] 约瑟夫·熊彼特.经济发展理论（1934）[M].何畏，易家详，等，译.北京：商务印书馆，2020.

析企业家的人，他将企业家看作独立的生产要素，他认为企业家是那些将企业管理视为本职工作的人，他们冒着或承担营业风险，组合生产要素，依靠自己的创造力、洞察力和领导能力，发现和消除市场不平衡，创造交易机会和效用，为生产过程指明方向，是对生产要素组织化的人[①]。

除此之外，他比较集中关注静态分析和局部均衡理论，对于资本主义进程中出现的创新现象未能给予太多的关注。由此导致了他所研究的对象是静态的、古板的企业家。而克拉克（Crick, 1899）对企业家的研究是有创新性的，他把企业与组织的变革、技术的革新与经济过程有效地结合在一起，他的研究比较接近熊彼特式的研究。除此之外，克拉克把企业家的利润看作利息以外的盈余。新古典经济学派的经济学家提出了成本效益理论、行为经济学等经济学原理，强调企业家的决策制定过程和决策结果的影响因素，并从人的行为逻辑上解释了企业家做出的决策与实际的表现。新古典经济学派对企业家的研究非常重视实证分析和数据支持，既有卓越的理论解释，又注重在实践经验中的思考和总结，这使得他们的研究成果在经济实践中具有一定的可行性和指导性。尽管新古典经济学派的研究者进一步指出了企业家在生产经营中的重要作用，但是动态的企业家及其行为的变化是游离在一般均衡分析框架之外的。

（3）奥地利学派

奥地利学派是最看重企业家地位的学派。该学派认为企业家是推动经济发展和创新的主要力量，企业家的创造力和创新能力是经济增长和繁荣的主要动力。奥地利学派对企业家的研究着重于企业家的动机、技能和行为，从而呈现出独特的视角。相比其他经济学流派的研究，奥地利学派更加注重刻画企业家的特质和作用，强调自由市场经济中企业家的重要性，从而在经济学的发展中占据了重要的地位。

---

① 马歇尔. 经济学原理（1890）[M]. 朱志泰, 陈良璧, 译. 北京: 商务印书馆, 2019.

奥地利学派的经济学家探索了企业家活动的创造性和创新力。他们强调市场竞争是推动经济增长和企业家创新的重要因素，企业家的创新活动对市场经济的发展产生决定性的推动作用。奥地利学派认为，企业家是市场中一种重要的行动者，他们的活动包括：发现和利用市场机会、资源协调和市场组织、承担风险和创新等。奥地利学派认为，创新是企业家最重要的贡献，创新可通过创造新产品、开拓新市场、发明新的生产技术等方式实现。因此，奥地利学派不仅强调企业家的经济价值，而且特别注重企业家的人格品质和创新精神。他们提出了行为学、学习经济学等理论，从心理学和认知角度对企业家进行研究和分析，更好地解释企业家的行为和创新动机。奥地利学派对于企业家的研究结论，深入解答了企业家发挥辨别性功能；在弘扬商业道德、传承创造性思维方面具有指导意义。

同时，奥地利学派也是近代研究边际效应的主要学派之一。创始人门格尔（Menger，1871）就利用边际效应有效地解决了古典经济学中出现的价值争议。他认为生产过程实质上是不确定的，因而需要企业家来发挥作用，于是便否定了古典经济学中"长期下生产成本决定价格"的观点。尽管如此，门格尔所支持的企业家仍然带有古典经济学的"资本家"元素，因为"指挥资本提供服务是经济活动运行的必要前提"。庞巴维克在《资本与利息》（1884）中认为，除了作为"套利者"发现机会外，企业家还是资本积累和经济增长的"革命者"，在不同环境下，不同资本品相对价格的变化是他们行动的风向标。因此，企业家的作用在于实现"储蓄和消费结构的变革"，并促进社会经济的发展和进步。法兰克·A.菲特（1904）认为，尽管每个人或多或少都具备企业家的这种能力，但是持续的市场竞争会推动企业家基于自身技能进行分工，以确保能力更强的人能够担任更高层次的职位。企业家作为专业的风险承担者，他们的职能主要是对未来事件的准确预测。因而，企业家的利润并不是单纯从劳动中获得的，而是其对于风险的预见及对于风险的优秀承担能力的回报[①]。

3. 20世纪30年代至今：现代经济学时期

20世纪30年代的经济危机对西方经济的发展产生了重大影响。在这种情形下，凯恩斯革命引发了经济学研究主题的重大变化，并推动了从新古典经济学过渡到现代经济学。于是，经济学家的研究重心从新古典经济学中的收入分配和市场机制转向了古典经济学的经济增长问题。现代经济学时期对企业家的研究聚焦于企业家的策略决策、组织管理和市场竞争等方面。研究者重视企业家的创新力、竞争力和领导能力，强调企业家活动的战略性和系统性。他们认为，企业家应当具备远见卓识、适应性强、判断力强、耐久力强等领导素质。现代经济学时期的企业家需要精通市场运作、人才管理、科技创新等领域，采用现代信息技术手段推进企业转型升级，加强市场观察、分析和战略制定，快速适应市场变化和垂直级别的并购重组。未来，对企业家的前瞻性视野和落地实施能力的要求也日益提高。同时，现代经济学时期的社会责任理念得到广泛应用，企业家需要将可持续发展、环境保护等非商业领域纳入其业务思考范畴。现代经济学时期的企业家研究强调实证性和数据支持性，强化了信息技术和统计学与管理学的交叉应用，多角度解析企业家的行为逻辑和创新动因，为实践指导提供了坚实的理论基础。下面主要从现代奥地利学派、德国历史学派、新古典芝加哥学派等进行分析。

（1）现代奥地利学派

20世纪70年代，资本主义世界开始进入了经济停滞时期，凯恩斯主义在经历了"二战"之后30年左右的繁荣后对于世界经济滞胀也束手无策。此时，倡导自由主义的奥地利学派的米塞斯又重新获得学术界的认可。在米塞斯看来，企业家在市场中发挥的专业功能在于其对生产要素的利

---

① Randall G. Holcombe. 奥地利学派的大师们（1999）[M]. 李扬, 王敬敬, 董子云, 译. 北京：清华大学出版社，2015.

用，他们的成功来源于对不确定事件预测的准确程度。正是因为企业家是具有主动性和冒险精神的投机者、套利者，他们才能推进经济的改良和创新。同时，他认为企业家是富有创造性的。米塞斯（1949）认为"只有指挥行动和生产的人的头脑是创造性的"，对"企业家才能是一种管理的生产要素"和"企业家利润是承担风险的结果"的思想进行了有力的批判。在奥地利学派复兴的过程中，柯兹纳发挥了重要的作用。他延续并发展了米塞斯"经济是人的行为"的思想，并从"竞争市场过程本质上是一个企业家过程"的角度重新审视了企业家和企业家功能[①]。柯兹纳认为市场过程中的不确定性是不可避免的，而聪明的企业家通过发现和扩散新知识来降低不确定性。这个过程可以视为寻求利润的"试错"过程，帮助企业家弥补自己对于经济的初始认识的不足。对于不确定性的掌控和把握是达到均衡的动态过程，通过专业的警觉性，企业家发现和利用"低价进高价出"的价格差距来获得利润，而不是承担风险来获得回报。而且他认为由于企业家没有机会成本，因此企业家与其他所有生产要素服务是有很大差异的。因此，他对科斯等经济学家所支持的"企业家只是一些专门的人力资本，他的服务包含市场价格和机会成本"的界定这一观点进行了反驳。

现代奥地利学派是一个重要的经济学派别，其研究重点之一是企业家的行为和作用。该学派主张，企业家是一种具有创造性和创新性的创造者，不同于市场参与者和政府官员，企业家的存在对于市场经济的连续性发展至关重要。在现代奥地利学派的研究中，企业家被认为是市场经济的推动力，他们积极投资和创新，推动市场的变革、产品和服务的创新和创造，进而获得利润和成功。现代奥地利学派的研究方法强调了企业家视角的重要性，将企业家视为创造市场经济的主体，同时认为企业家的行为和决策

[①] 伊斯雷尔·柯兹纳．竞争与企业家精神（1973）[M]．刘业进，译．杭州：浙江大学出版社，2013．

受到他们的个人经验、信仰、文化背景和市场机会等因素的影响。因此,现代奥地利学派提供了一种全面、系统的解释,概括了企业家在市场经济中的核心作用,对于深化对企业家行为和作用的研究具有重要意义。

(2)德国历史学派

德国历史学派对企业家的研究突出了企业家在经济发展中的重要作用。他们强调企业家在市场中的行动,特别注重企业家的创业精神、技能和组织管理能力。德国历史学派认为,企业家具有主导创造和发展市场的能力和作用,他们在发现市场机会、提高企业效率和实现利润最大化等方面担任了至关重要的角色。从德国历史学派的角度看,企业家的成功不仅取决于他们的个人品质,还与经济环境、社会文化等因素密切相关。因此,德国历史学派的企业家研究除了探究个别商家的运营特点,更着重研究产业的历史演进、社会制度对商业发展的影响、市场结构等深度问题。在对企业家的研究中,德国历史学派还运用机构经济学等多学科思想,研究企业组织的结构、治理方式和决策过程等问题,强调企业内部组织结构的合理性和效率性,倡导优化资源配置和经营管理模式,以提高企业的竞争力和生产效率。德国历史学派对于企业家的研究不仅关注个人经验和商业行为,而且关注社会背景和发展趋势,为后来的经济学派提供了深刻思考和实践指导。

熊彼特(1934)在其《经济发展理论》中认为,为了实现经济的发展,必须打破现有的组合,实现新的组合方式,而企业家就是实现新组合的人。企业家不仅仅是经济要素的一种,而且是创立新的要素使用方式的人。企业家为促进经济发展,会创新性地配置资源并运用新技术、新资源等来组成新的生产组织形式,以此建立新的生产系统,并且以不同的方式对原有要素加以利用。他对企业家的作用进行了简要的描述:"企业家是从事创造性破坏的创新者。"从这一意义上看,熊彼特所描述的企业家既不同于萨伊的"把生产要素组合起来"的人,也不同于马歇尔的"从事企业管理"的人。企业家并不是一个专门意义上的社会阶级而是"实现新组合的人"。因此,创新被认为是熊彼特判断企业家的唯一标准。在《创新与企业家精神》一书中,德鲁克(Drucker,1985)指出,企业家的本质就是有目的、有计划地进行有组织的创新。对于企业家的标准,德鲁克认为关键在于他们是否创造新的价值并提高市场满意度。这种创新带来的不仅仅是产生新的组合,而且能为客户提供新的价值,提高客户的满意度。鲍莫尔(1993)认为企业家的功能是"经济活动的领导者,以及经济体的扰动器"。同时,他指出"企业家精神并不能被认为是高尚的代名词……创新性的东西……,并不总是能够提升社会的利益"。他认为创新不是基于企业家的直觉,而是企业家使用的特殊工具,是一种目的性组织化和系统化的创新。

(3)新古典芝加哥学派

奈特是芝加哥学派的创始人,他首次指出,"风险"表示一种损失,"不确定性"则表示一种获得。在此基础上,他提出企业家是一种新的经济职能,这种职能是当面对不确定性时,企业家通过收集信息并根据直觉做出某种结果有多大概率的判断,进而做出对于成功的概率的预估,并承担随之而来的决策结果。如此,企业家不是被动承担风险,而是根据经验和技能主动承担风险,进而推动经济不断发展[①]。

因此,按照奈特的描述,企业家的职能是基于判断来应对不确定性的。

罗纳德·H.科斯(2014)认为企业产生的原因是奈特描绘的风险和不确定性。企业家是市场失灵的一种生产要素,这致使企业内部需要有人来代替市场机制支配资源。反之,如果市场没有失灵,企业和企业家就不复存在。

同样地,奥地利学派认为企业家是比企业先出现的,市场过程的本质是一个企业家过程。企业是企业家实现其主观意图的工具。

---

① 弗兰克·H.奈特.风险、不确定性与利润(1921)[M].安佳,译.北京:商务印书馆,2010.

相对于奥地利学派和熊彼特的观点，舒尔兹（Schultz，1960）认为，企业家的职能是促进经济不均衡向均衡转变，即在经济不均衡时，企业家不仅追求自身利益最大化，还促进了资源有效配置和经济增长。他认为，与生俱来的企业家能力可以通过加大人力资本投入和提高人均受教育水平来获得。因此，从这个意义上说，他更倾向于米塞斯的"每一个行动者都是一个企业家"的定义。按照他的看法，企业家的作用是恢复经济均衡。因此，当经济处于均衡状态时，企业家的作用和功能也随之消失。

新古典芝加哥学派是一个重要的经济学派别，其对企业家的研究提供了一种新的视角和分析框架。该学派主张，企业家的主要作用是提高市场效率，其创造和分配资源的能力能够改善社会福利、促进经济增长。在新古典芝加哥学派的研究中，企业家被视为市场经济的参与者和竞争者之一，他们在市场上与其他企业家竞争，通过提供更优质的产品和服务以及创造新产品和服务来赢得市场份额。通过这种竞争，企业家推动市场的变革和创新，并在市场经济中发挥了重要的作用。新古典芝加哥学派对企业家的研究强调了市场效率和竞争力的重要性，认为企业家的创造性和创新性是推动市场经济不断发展的关键因素。这为企业家的行为和决策提供了新的解释和认知，对于深化对企业家行为和作用的研究具有重要的启示和意义。

（二）国内学者对企业家的研究

我国学者对企业家的关注始于20世纪80年代，结合当时的经济发展背景，研究者从不同的角度、不同的理论框架出发，对企业家的属性、职能、行为模式等方面进行了探讨。他们认为，企业家是引领市场经济发展的重要力量，在推动创新、促进竞争、提高效率等方面都起到了不可替代的作用。研究者还深入探讨了企业家的个人素质，如领导力、决策能力、执行力等，以及企业家与其他经济主体之间的关系和互动。除此之外，研究者还从制度环境、产业政策等方面出发，探讨了如何激发和培育企业家精神，以促进中国经济的可持续发展。总之，国内学者对企业家的研究不断深化，为推动中国经济高质量发展提供了重要的理论支撑和实践参考。

我国学者对企业家的研究多围绕企业家的创新、创业、战略和管理等方面展开。他们将企业家视为推动中国市场经济发展和增强全球竞争力的重要力量，重视企业家的社会责任和管理创新能力研究，在全球化的市场环境中，更加注重企业家的国际化战略与文化融合等方面的研究。我国学者认为，企业家不仅必须拥有商业眼光和经营模式的创新能力，还必须具备人才管理、市场分析、技术研发等方面的强大能力，注重多领域的创新和产业的协同发展。他们同时也关注企业家的整体素质。例如，领导力、快速决策、跨文化交际，以及企业家与政府、金融、科技等层面的合作方式等。我国学者在企业家研究中反映了政府、社会和企业三者互动的复杂关系，重视中国企业家的社会角色和企业家精神的培育与传承。在研究方法上，他们也借助其他学科的理论工具，并注重将理论发现与实际案例相结合，为企业家提供更加系统、全面的研究成果。

著名经济学家张维迎（2015）在其《企业的企业家——契约理论》一书中提出，一个人能否成为企业家在很大程度上取决于个人财富，并不是每个人都可以选择成为企业家。唯有资本家拥有做出这种选择的能力，因此，成为企业家的必要条件是拥有资本。他还认为，企业家与工人之间有着本质的区别，企业家有能力监督和激励工人，而工人却没有这种能力，因此激励和监督是企业家能力的重要组成部分，这也是他们成为企业家的原因之一。

丁栋虹（1999）对企业家的四种模式即资本模式、代理模式、创新模式和人力资本模式进行了侧重分析，指出人力资本模式在中国发展的特殊要求即寻求企业家的地位，这是与国外研究相区别的。并且，他还提出了企业家是异质性人力资本的概念。他认为，在相对来说比较完全的市场经济体制条件下，异质资本模式就会成为企业家成长的主导模式。

李新春（2000）则认为，在企业家创业过程中，资金和社会关系是不可缺少的两个重要条件，并强调只有在企业家过程与企业家型政府联动的情况下，才能在国有企业实现企业家的创新和创业过程。他提供了一个企业家的解释来说明国有企业低效率的原因。

周明生（2006）提出了创业初期的冒险精神成就了早期的企业家群体。在民营企业发展的初期，企业家能力结构中居主要地位的就是承担风险和不确定性的能力。

冯炳英（2007）从资源学派的视角出发对企业家的成长理论进行了剖析并明确了企业家的两大功能：整合知识资源、善于识别和把握机会。

雷红和高波（2022）通过实证研究发现市场化改革有利于提升企业家的创新精神和创业精神。

综合已有的研究来看，学者们对企业家的研究既依托于经济发展背景，又受制于历史发展的局限。关于企业家的研究，来自不同国家、不同阶段、不同学科领域的学者们给出了不尽相同的定义。然而，学者们对于企业家的认知却有一个共性，这便是企业家具有勇气和自信，他们敢于创新，并能够承担由此带来的风险。不仅如此，企业家们还能够建立企业，并且在后续的经营中始终做得出色。与普通人相比，企业家在这些方面表现得更加出色。这也是企业家在经济发展中发挥着重要作用的原因之一[①]。

学者们对企业家的认识随着时代的发展更加深刻。因此，本书认为民族地区企业家是在民族地区创业或从事企业经营活动的组织者或经营者，他们将民族地区的各种生产要素整合优化进行企业的风险决策和创新活动。民族地区企业家作为创业者具有风险意识、创新精神和敢于行动的特征；作为企业经营者拥有企业管理决策权，承担经营管理责任，并获取相应的经营收益。

---

① 徐海棠.我国企业家能力成长的演化及成长机制研究[D].武汉：华中师范大学,2014.

三、企业家成长理论

企业家成长对经济发展有着十分重要的作用。企业家成长理论在研究企业家成长的过程中，强调了个人的心理和认知特征对于企业家的发展和成功的重要性。该理论认为，企业家的成长是一个长期而复杂的过程，在这个过程中企业家需要具备一定的特征和能力，包括创新思维、主动性、判断力、沟通能力、决策能力和团队协作精神等。

在企业家的成长过程中，该理论强调了个人的学习和思想认知、养成正确的行为习惯和权衡利弊的能力等方面的重要性。此外，企业家成长理论还探讨了环境和社会文化对企业家成长的影响。例如，社会文化和家庭背景对企业家性格的影响以及对取得成功的重要性。该理论在实践中注重培养和发挥企业家的个人特长和优势，为企业家提供了可行和实用的方法以及指导。企业家成长理论丰富了关于成为成功企业家的认知，发掘出人才发展的个体差异；并从多维度探究了企业家人格、心理、成长环境等相关因素，为相关领域的深入探究提供了坚实的理论基础。

但是，企业家成长作为一个比较宽泛的概念，许多学者都对此提出了不同的看法，而且企业家有关观点的提出往往是学者们出于构建自己的理论的需要。因而关于企业家成长的观点，具体从国外和国内两个角度进行分析。

（一）国外的企业家成长理论

国外的企业家成长理论是对企业家成长和成功的研究，其视角和分析框架为企业家的行为和决策提供了重要的启示。这些理论包括创业精神理论、学习经验理论、认知透镜理论和人际网络理论等。创业精神理论认为，企业家的创业精神是影响其行为和决策的重要因素，他们通过积极主动、冒险探索和创造性行为来应对挑战和机遇。学习经验理论认为，学习和经验积累对于企业家成长过程中的问题解决和决策制定至关重要，企业家通过不断地试错和反思来提高自己的能力和智慧。认知透镜理论则从认知和信息处理的角度出发,研究企业家如何看待世界、感知信息、做出决策及面对挑战。而人际网络理论认为,企业家的人际关系网络是促进其创业成功的重要因素,他们通过与他人互动和合作来获取资源和获得支持。这些理论提供了不同的观点和分析角度,对于深化对企业家成长过程的理解和研究具有重要的意义。研究企业家成长是一个宽泛的概念,相关研究来自经济学、管理学、社会学、心理学、教育学等各个领域。综合这些不同角度的研究,可以将它们归纳为以下九个学派[1]。

1. 特性学派

早期的企业家研究常常把企业家和非企业家的个体特征区分开来。个体特征是企业家形成过程中的环境、行为、个性三个交互作用之一[2]。

研究者们采用过多地强调企业家个人特质的研究方法,其中最主要的原因便是成功的企业家具备吸引力。研究者们认为企业家肯定存在一些特质,例如高度需求的成功欲望、内在的控制能力、创新能力以及冒险的爱好等。然而,这种研究方法却受到了一些学者的批判。例如,Cartner(1989)认为这样描述的企业家形象是脱离实际生活的,研究的重点应该放在企业家的形成过程上,而不是单纯地强调谁能够成为一个企业家。因此,我们需要更加全面、深入地理解企业家在现实生活中的角色和意义。

但是,也有一些学者主张从企业家的个人特性方面对其进行研究,例如 Stewart(1998)从心理倾向入手研究了企业家,并认为这些倾向是企业家的先兆。他提出了一个包括成就倾向、创新倾向、冒险倾向三个方面的理论框架。此外,还有学者从认知方面研究企业家的成长。

---

[1] 赵文红,李垣. 企业家成长理论综述[J]. 经济学动态,2002(11):70-75.
[2] Luthans F, Stajkovic A D, Ibrayeva E. Environmental and psychological challenges facing entrepreneurial development in transitional economies[J]. Journal of world business, 2000, 35(1): 95-110.

特性理论是对企业家特点和能力的一种描述和解释，其研究对于企业家成长理论的发展具有重要意义。该理论认为，企业家具有创造性、领导力、决策能力、冒险精神以及对风险的容忍度等特征。同时，特性理论还揭示了企业家的成长过程，并认为这些特质是通过一系列的学习和经验积累得到的，并随着时间的推移不断得到完善和发展。特性理论强调了个体特征对企业家行为的决定性作用，同时将企业家视为一个持续发展的主体，并将其发展过程看作一个积极的和不断深化的过程。在企业家成长理论的研究中，特性理论提供了一种全面、系统的观点，将企业家的行为和决策与其个人特点和背景联系起来，为理解企业家成长和成功的不同阶段提供了重要的思考和研究方法。

2. 创业学派

创业是多数企业家的一个主要特质，部分人认为创业是企业家评价体系的一个重要指标。对于创新企业的研究中，研究者关注的主要是创新企业，对于企业家的研究必然有所涉及。Vesper（1990）提出新创企业具备四种要素：企业家的首创精神、企业家的技术秘密、企业家的企业秘密、机会的获利性。因此，研究新创企业对于深入了解企业家具有重要的启示作用。

创业学派是对企业家行为和决策进行深入研究的学术派别，其研究成果为企业家成长理论的发展提供了重要的理论和实践支持。该学派主张，企业家行为是一种与其他市场经济参与者不同的行为形式，其行为是由一系列外在因素和内在特质共同作用产生的。创业学派认为，企业家需要表现出创造性、创新性、领导力、决策能力、适应性以及对风险的容忍度等特质，这些特质需要不断得到培养和发展，才能帮助企业家在复杂的市场环境中做出明智的决策和行动。此外，创业学派还关注企业家所处的环境和制度对其行为和决策的影响。在企业家成长理论的研究中，创业学派提供了一种全面、深刻的视角，将企业家的行为和特质联系在一起，并将其看作一种不断发展和完善的主体。这为企业家成长实践和培养提供了重要的指导和支持，同时也为后续研究提供了重要的理论和实践基础。

3. 环境学派

环境学派对企业家成长的研究认为，企业家的成功与外部环境的影响密不可分。环境学派关注的是企业家成长的社会、文化、政治和市场等外部环境因素。他们认为，企业家成长在一定程度上受到环境因素的影响，因此企业家的成功与环境的关系也十分重要。研究表明，影响企业家成长的环境因素包括国家营商环境、政策举措、文化传统、市场需求等。在环境学派的视角下，企业家必须对不同环境因素保持敏锐性和理解力，并且对环境因素做出正确的响应。同时，企业家也可以通过创新、突破传统的方式来改善市场环境和社会氛围，促进社会经济的发展。在方法上，环境学派采用了实证研究法和层次分析法等工具，用实际数据和样本进行研究验证，提出了一系列有价值的理论和实践建议，为企业家发展提供了具有启发性的思路和方法。环境学派在研究中突出了企业家与环境的互动关系，反映了社会与企业家的互动关系的复杂性，对企业家在发展过程中理解环境、把握市场机会以及更好地发挥个人能力等方面提供了重要的参考和借鉴。

企业家成长的环境也是经济发展的重要因素。国外学者对此进行了研究，主要包括对企业家一般环境条件、特定地区或国家环境条件的描述性研究，以及公共政策在企业家环境形成中所扮演的角色等方面。Fred（2000）描述了在传统经济中影响企业家环境的因素，包括政治环境、法律环境、转型冲突、经济环境、非规范化金融环境、文化环境等。这些环境是事先确定好的，并将持续一段时间，并在此基础上提出了企业家应该如何从社会认知的视角来处理这些环境，从而将威胁转化为机遇。

4. 行为学派

行为学派的主要研究方法在于分析环境和制度等因素是如何影响企业家自身的行为，从而直接或间接地影响企业家的成长和发展。该研究方法侧重于探究这些因素在企业家成长过程中所扮演的角色和作用。因此，行为学派的研究方法更加全面和深入，不仅可以更好地揭示企业家所面临的挑战和机遇，还可以为企业家提供有价值的指导和建议。Baumol（1996）就曾提出国家可以制定一系列制度来刺激企业家的创新行为，并对他们的创新行为和成果予以保护。

经济学家舒尔茨通过人力资本理论分析了企业家的行为。他认为，由于企业家人力资本的异质性，企业家在经济现代化和经济从非均衡中复苏的过程中起着至关重要的作用。企业家可以对经济条件的变化迅速作出反应，发现潜在盈利机会，并在自己的经济活动的空间中重新配置资源，进而恢复经济均衡[①]。

虽然学者们都对此给出了自己的看法，但是正如前面所说，企业家所处的不同环境会导致不同的行为。因此，政策建议国家可以制定恰当的制度和创造良好的环境来引导企业家做出正确行为，从而促进其成长。

5. 社会学派

社会学派对企业家的研究集中于经济社会学领域，不同于强调企业家个人特征的特性学派，社会学派主要研究外部社会对企业家成长的影响。该学派从宏观的社会环境和社会网络两方面入手，对企业家成长影响进行分析。例如，Woodward（1988）的观点是，社会网络的建立在企业家的成长过程中扮演着非常重要的角色。Bygrave（1992）提出了一种描述个体水平上企业家决策与地区企业家活动量之间的相互关系的方法。他认为，企业家拥有认知和发掘原先未被发现的利润机会的能力。这种

---

① 张迎春,李萍.企业家创新能力对区域经济增长的贡献分析——以辽宁省为例[J].财经问题研究,2006(09):92-96.

认知行为为新市场开发创造了条件，因而创造出了很多机会，企业家也就成为整个经济活动的催化剂。最终，经济活动的效果会超过每个企业家活动的价值。

由此可见，社会学派重点关注的是社会背景下企业家的活动能力。

6. 机会学派

机会学派是一个重要的经济学派别，对企业家成长理论的研究产生了一定的影响和启示。机会学派认为，机会是企业家成长和成功的关键因素，企业家只有寻找到适当的机会并善于抓住机会，才能实现商业目标。机会学派强调了市场机会对企业家成功的推动作用，认为企业家需要关注市场变化和趋势，及时发现并抓住市场机会，以获取竞争优势。机会学派注意到了外在因素和条件对机会的影响，如市场环境、技术创新、政策支持以及社会需求等，这些因素可以成为企业家寻找和利用机会的有效助力。在企业家成长理论的研究中，机会学派的观点具有积极推动作用，其注重市场机会的探索和利用，对于深化对企业家行为及决策课题的探究和培养具有重要的意义。

机会学派认为企业家的机会是由环境的变化和市场的波动引起的。如果企业家想要获利，就需要对市场波动保持高度的敏感性，并具备发现获利机会的能力。如果企业家缺乏这些关键因素，则其在风险承担和市场创新方面的能力就变得无意义。熊彼特（1934）认为企业家需要具备预测能力，能够善于抓住机会，挖掘市场中潜在的利润。企业家的工作是"创造性的破坏"，因而，熊彼特描述的企业家可以称为创新型企业家。企业家对机会的利用和把握都可以归类为企业家的能力。根据 Shane 和 Venkataraman（2000）的观点，为了更好地探索企业家的成长，应从"存在有利可图的机会"和"存在进取心的个人"两个角度结合起来考虑。由于不同的人对机会的发现和识别存在差异，因此不能混淆机会和个人的影响。同时，研究企业家的成长应该更加注重捕捉"机会"这一方面的线索。

综上所述，机会学派认为市场环境的变化会引起企业家对盈利机会的识别，不过各个企业家在识别和利用机会方面存在着差异。因此，机会对企业家的成长至关重要。

7. 动机学派

动机学派是一个重要的经济学派别，对企业家成长理论的研究产生了重要的影响和启示。动机学派认为，企业家的动机和意愿是影响企业家成长和成功的关键因素，只有具有强烈的创业动机和内在激励，才能克服各种困难，实现商业目标。动机学派强调了创业动机对企业家行为和决策的影响，认为强烈的创业动机可以帮助企业家更具决策性，更加敏锐地发现市场机会、拓展业务，并更好地应对市场挑战。同时，动机学派也注意到了外在因素对企业家动机的影响，例如政策支持、市场环境以及社会认可等，这些因素可以激发企业家的动机和意愿，从而促进企业家成长和发展。在企业家成长理论的研究中，动机学派的贡献不容忽视，其强调了创业动机和内在激励的作用，对于深入了解企业家的心理特征和培养创业动力具有重要价值。

动机学派从心理学和社会学角度分析人们想成为一个企业家的动机。不同的研究对于企业家动机有着不同的认识。Gartner（1989）认为，企业家是以追求利润和成长为主要目的而创立和管理企业的人。而 Baumol（1990）则认为，企业家行为的决策是以经济行为的报酬结构为基础，在某一时间和地点得出的结论。企业家个人的行动必须符合他们个人的效用最大化原则，其中效用包括财富、权力、声誉和地位等。同时，Douglas（1994）提出了企业家的动机模型，其中将企业家的行为因素分为个人特性、环境、目标、商业环境和创新设想，并将企业家的决策能力、创新战略、创新管理以及计划执行结果与反馈纳入统一模型进行研究。对企业家动机的研究已经充分融合了心理学、社会学和经济学。虽然每一项解释都具有一定的分析基础，但是每一项解释都有其片面性。心理学虽然对企业家的行为进行了研究，但其解释仍不够全面；经济学过分强调企业家获利的目的；而社会学则缺乏对企业家行为背后基础性因素的分析。因此，全面深入地分析企业家的动机和行为对于企业家成长理论的进一步发展十分必要和重要。这不仅有助于探究企业家选择什么样的行业和领域进行投入，也将有助于揭示企业家在发展过程中所面临的各种挑战和困境。

8. 能力学派

能力学派认为企业家拥有一般人所拥有不了的能力。因此，对企业家能力的研究在企业家成长研究中一直占据着非常重要的地位。熊彼特认为，企业家只有拥有足够的企业家资质才能实现创新功能。鉴于这种资质是逐层递进的，因此企业家具有一定的稀缺性。奈特描绘的企业家具有承担不确定性的能力。彭罗斯（2007）认为企业家的能力是多样综合的，概括来说就是预见未来和发现机会的能力。与之前提到的学者的观点不同，舒尔茨（Schultz, 1960）认为，企业家并非完全依靠先天禀赋而获得成功。他特别强调，企业家需要具备能够处理不平衡情况的能力，而这种能力可以通过教育、经验和其他人力资本的积累与投资来获得。因此，舒尔茨的观点揭示了企业家在创业过程中需要具备一系列现实操作能力，这不仅为企业家发掘出新的机遇提供了可能，同时也为企业家提供了更好的经验积累和成长路径。企业家的配置能力的高低决定着他对经济条件变化的反应能力和恢复均衡的效率。另外，企业家成长理论决定了企业的绩效，进而关系到企业的成长。因此，不能忽略对企业家能力的研究。

能力学派是一个重要的经济学派别，对企业家成长理论的研究产生了一定的影响和启示。能力学派认为，企业家的创业能力和经营能力是企业家成功的决定性因素，企业家只有通过不断地实践和经验积累，才能不断提升自身的能力，并取得商业上的成功。能力学派强调了企业家个人能力的重要性，认为企业家需要具备扎实全面的商业素养，包括市场分析、战略规划、资源整合、风险控制等，以便更好地应对市场的变化和挑战，以及获取利润。同时，能力学派也注意到了外在条件和环境对企业家能力的影响，如合适的市场环境、良好的政策支持、优秀的团队成员等，能够对企业家的能力提升和成长起到重要的促进作用。在企业家成长理论的研究中，能力学派突出了个体能力对企业家成功的决定性影响，并探讨了与个体能力相关的多种因素，对于加深对企业家特质的认知和培养有着积极的推动作用。

9.人力资本学派

人力资本学派是一个重要的经济学派别，其对企业家成长理论的研究具有举足轻重的影响和贡献。人力资本学派认为，人力资本是企业家成长的决定性因素，企业家需要通过教育培训、经验积累等方式不断提高自身的技能和能力，才能应对市场变化，实现创新并成功。人力资本学派强调了技能和能力对企业家成功的贡献，认为企业家需要有扎实的专业知识、深厚的行业经验、出色的领导和管理能力，并能灵活地应用这些技能和能力，才能实现商业目标。同时，人力资本学派还注意到了环境和机遇对企业家的影响，认为良好的创业环境和机遇，可以提供更好的发展机会和创业平台，有利于企业家的成长和发展。在企业家成长理论的研究中，人力资本学派的重要性不容忽视，其注重人力资本的培育和提升，并从实践角度探讨了企业家成长的关键因素，对于深化对企业家行为及决策的理解和培养具有重要意义。

企业的人力资本要素大致可以分为三类，分别是生产者人力资本、管理者人力资本、企业家人力资本。其中，生产者人力资本通常包括工人的体力、技术和技能等，管理者人力资本通常包括管理者的知识、才能、监督等，企业家人力资本主要包括企业家应对市场不确定性的能力和良好的经营决策能力。这些人力资本被广泛认为是企业成功的关键所在，尤其是在企业的所有资本元素中占据核心地位，成为推动企业发展的中坚力量。因此，企业家如果能够不断强化这些人力资本的积累和实践应用，便可以更好地处理市场的变数,抓住发展的机遇,从而实现企业的长足发展。随着经济的发展,在企业家成长理论形成的过程中,许多经济学家对企业家人力资本的特点进行了探索。因而,人力资本的形成也侧重于经济方面的研究。

(二)国内的企业家成长理论

国内学者对企业家的研究重点围绕企业家的创新、创业、战略以及管理等方面展开。我国学者认为,企业家是推动中国市场经济发展和增强全球竞争力的重要力量。他们重视企业家的社会责任和管理创新能力的研究,并在全球化的市场环境中,更加注重企业家的国际化战略与文化融合等方面的研究。综合而言,他们认为,企业家必须具备商业眼光和经营模式的创新能力,以及人才管理、市场分析、技术研发等方面的强大能力。同时,企业家的整体素质,如领导力、快速决策、跨文化交际,以及企业家与政府、金融、科技等层面的合作方式等问题也备受关注。在研究方法上,我国学者善于借助其他学科的理论工具,并注重将理论发现与实际案例相结合,为企业家提供集系统性和实用性于一身的研究成果。我国学者对企业家的研究反映了政府、社会和企业三者互动的关系,重视中国企业家的社会角色和企业家精神的培育与传承;这对支撑中国经济由规模型向质量型转型升级十分重要。国内学者对企业家成长的研究,主要从制度论、市场论、产权论、资本论等方面展开。

1. 制度论

制度与人的动机和行为息息相关,对企业家的成长有着至关重要的影响。制度的作用范围是有限的,具有不同的层次和表现形式。制度论认为,建立以公司制为代表的现代企业制度是企业家成长的关键所在。因为在我国现行经济中大多数企业仍然属于"资本主导"的企业,所以在这里对企业家成长的有关制度分析实际上是基于委托-代理理论进行的。

目前，妥善处理委托代理关系仍存在许多问题。这种现象在国有企业、私营企业以及公司股东和公司经理之间尤其常见并且敏感。这些问题对于企业家的成长以及其所管理的企业都具有直接影响。因此，只有在委托代理关系清晰、激励约束机制有效实施的情况下，才能够为企业家提供一个健康的成长环境。

相应地，企业的发展规划和内部管理也将呈现出良性趋势，这将使企业在市场竞争中具备更强的竞争力。同时，为提升整体的企业家职业素质，建立有效的社会保障制度，保护其合法权益至关重要。此外，分散企业家的经营风险，完善企业家选聘制度，打造更有竞争力的系统的社会信用体系也极其关键，这将确保企业家能够有效地获取到所需的资源，来进行更加有效的经营管理活动[①]。

2. 市场论

市场论是一个重要的经济学理论，其对企业家成长理论的研究具有重要的启示和贡献。市场论认为市场是企业家行为和决策的重要背景和环境，企业家需要通过市场的运作来获得资源、发展业务并取得成功。市场论强调了市场竞争对企业家行为和决策的影响，认为企业家需要在市场竞争中保持敏锐的洞察力、迅速做出决策、灵活调整战略，才能获得竞争优势并实现商业目标。同时，市场论还关注了市场需求和消费者选择对企业家的影响，认为企业家需要开发和满足市场需求、不断推陈出新、提高产品和服务质量，才能获得消费者的认可和支持，最终实现商业价值。在企业家成长理论的研究中，市场论提供了一种深刻的视角和分析框架，将企业家行为与市场条件相联系，对深化对企业家成长的理解和素质培养具有重要意义。

我国实行的是社会主义市场经济体制。市场经济要求企业家必须遵守

---

① 赵娜. 当前我国企业家成长环境的制度障碍研究[D]. 济南：山东大学, 2011.

市场规则。根据社会主义市场经济体制的要求，企业家需要具备整合企业内部各类资源、确保企业资产保值增值的能力。为了实现这一目标，国家必须提供相应的环境，例如制定良好的法律政策和维护市场秩序，确保企业间公平竞争以及建立企业家培养机制。建立现代企业制度是市场经济对我国企业提出的要求。但是，在我国，特定的委托代理链和实际产权主体的缺位，导致企业内部受人控制的情况相对较多，尤其在国有企业中更为明显。加之所有者和经营者之间普遍存在信息不对称问题，企业财务信息自然也就失真了。这种情况极易损害企业利益，并且若此情况长期存在必然会给企业的健康发展带来威胁。

因此，所谓的成长市场理论实际上主要针对的是国有企业，而国有企业家的成长关键在于改善市场环境，获得更为充分的信息。此外，企业内外部的信息传递机制、压力淘汰机制以及以长期博弈为基础的声誉机制等，也可以有效地刺激经理人员更好地履行职责。通过这些机制的完善和优化，可以让企业家更好地适应市场的变化和需求，从而为企业的发展和壮大打下坚实的基础[1]。

充分完善的市场竞争可以带来一种非契约式的"隐性激励"。第一，市场竞争的充分发挥能够使得企业的绩效更客观地反映出企业家的能力以及努力，并为所有者提供一个有效激励和监督企业家的客观标准（信息动力）。第二，市场竞争的优胜劣汰筛选机制迫使企业不断追赶利润，从而保障企业的生存（生存动力）。第三，市场竞争还能够凸显和认可企业家的经营能力或人力资本（声誉动力），从而激励企业家不断完善自己和提高经营管理水平，进一步推动企业的发展壮大[2]。

3. 产权论

产权论是一个重要的经济学理论，对企业家成长理论的研究具有重要

---

[1] 黄再胜,曹雷.国企经营者激励的制度性困境与出路[J].学术月刊,2008(08):72-78.
[2] 杨伟.甘肃民营企业家队伍成长机制研究[D].兰州：西北师范大学,2008.

的影响和贡献。产权论认为，产权是企业家行为和决策的核心，企业家需要通过产权的管理和运用来实现其激励和创造性行为。产权论强调了企业家对产权的掌控和运用，认为企业需要理性地分配产权、利用产权激励企业家的创新和创造性行为，帮助企业家抵御市场风险和不确定性。与此同时，产权论还注意到了制度环境和规则对产权的保护和企业家的行为产生的影响，例如制定合理的法律法规、规范市场行为、提高产权保护水平等，都能帮助企业家发挥其作用并获得成长。在企业家成长理论的研究中，产权论的贡献不容忽视，其强调了产权管理的重要性，并从制度层面探讨了企业家成长的关键因素，对于深化对企业家行为和决策的了解和培养具有重要意义。

该理论的主要代表人物有张维迎等。现代产权制度的要求是"归属清晰、权责明确、保护严格、流转顺畅"。因而，产权论认为产权明晰是企业经营、改革的关键和切入点。成为企业家的前提条件是拥有所有权。明晰产权制度不仅能保护资产所有者的财产权，也是对企业家能力的保护。产权的变化与企业家的成长息息相关，产权改革直接促进公司治理的完善，从而影响到企业家的选择、激励和约束制度。如果产权界定不清晰，企业家的人力资源资本便无法实现市场交换、流动、组合和优化配置，只会导致企业和整个经济低效运作。因而，产权明晰是构建现代企业制度的内在要求，也是企业家成长的重要基础。

4. 资本论

企业家必须同时具备企业家人力资本和企业的物质资本，这两者相互协作、缺一不可。若物质资本缺失，企业家的人力资本便无从施展；反之，若人力资本缺失，物质资本的发展就会受限，资产增值保值也将难以实现。随着知识经济的不断发展，物质资本在传统的产业经济中所占的主导地位如今已经被人力资本所取代，人力资本所带来的收益已经远远超过了物质资本所带来的。例如，声誉作为企业家人力资本的一部分也可被称作"交易性人力资本"。企业家交易性人力资本与企业技术能力研究表明,具有高尚道德和良好声誉的企业家能够赢得内外利益相关者的信任与合作[①]。

即企业家在提高自身交易能力的同时,不仅可以降低交易费用,还能提高预期收益。但为了获得企业家声誉,不但要靠企业家自身,还需要企业和社会共同发力,不仅要努力培育重视"声誉"的文化氛围,而且要加大对损害声誉的败德行为的惩罚力度。因为企业家是市场经济条件下,适应所有权与经营权分离而产生的,接受资产所有者的委托和监督,以经营企业为职业,对企业日常的生产经营活动进行决策分析、组织协调、管理控制,实现组织资源的最优化,为资产所有者实现最大经济利益。因此,企业家人力资本更需要获得足够的重视,才能实现自身成长并不断发展[②]。

资本论对企业家成长理论的研究主要关注企业家行为和决策在资本运作中的作用和影响。该理论认为,资本是企业家行为和决策的背景,资本的运转和积累对企业家的能力和行为产生了重大影响。资本论强调资本和企业的相互作用,认为企业家需要通过有效的资本管理和利用才能实现个人价值和企业发展。同时,资本论还探讨了企业家如何应对竞争和市场环境,例如如何在竞争中取得优势、如何适应市场变化、如何应对不确定性等。在企业家成长理论的研究中,资本论提供了一种非常重要的视角和分析框架,将企业家行为与资本市场相联系,对于深入理解企业家成长和成功具有重要意义,同时也为培养具有资本视野和管理能力的企业家提供了重要的指导和支持。

[①] 范明,戚文举.企业家人力资本的核心竞争力作用机理研究[J].江苏大学学报(社会科学版),2007(06):85-88.

[②] 侯锡林.中国企业家成长与激励约束机制研究[D].武汉:华中科技大学,2004.

第二节　企业家成长的模式

企业家的成长模式是受企业家的成长发展状况影响的。企业家成长的模式研究认为，在企业家成长的过程中，有着多种不同的模式和路径，包括家族传承模式、教育模式、社会网络模式、技术创新模式等。这些模式存在相互关联和互相影响的现象，企业家的成长需要满足多方面的条件和要求。例如，家族企业的传承需要企业家在掌握家族文化和财富管理等方面拥有一定的经营素养，教育背景的影响则需要企业家在学术领域拥有一定的背景和资源基础，社会网络模式则强调企业家与社会内外不同领域的联系和合作等。同时，这些模式的作用在不断地发生变化，在现代化经济和全球化背景下，企业家需要迅速运用环境变化的优势，做出稳妥适当的调整，保持创新和成长的持续性。在方法上，企业家成长的模式研究采用了大量实证研究和案例分析，并通过积极的交流和合作，提出了一系列程序、方案及指导意见。企业家成长的模式研究为企业家提供了多方面的参考，为企业家成长的合理路径和发展提供了重要的理论保障和实践方法。

企业家的发展状况是指企业家在特定环境变量的刺激下，在一定时间内所进行的一系列行为反应活动的综合表现。企业家行为反应受到两个方面的影响：一是企业家个人素质，该素质指的是成功成为企业家所必备的能力和素质，如创新精神等；二是企业家所处的客观环境，包括个人、组织和外部环境。其中，个人环境主要指企业家个人的生活经历、教育背景、人际网络等，组织环境涵盖企业的产权结构等制度，外部环境涉及社会文化、经济、法律和行业政策等大环境。这些因素共同影响企业家成长的过程和表现。

用一般的数学模式来表示，企业家成长发展状况是客观环境和个人素质两类因素的函数。其中，单个企业家成长发展模式可用下列公式表示：

$$N = F[E_1(x_1, x_2, x_3), I(y)]$$

式中：x_1——外部环境；x_2——组织环境；x_3——个人环境；

y——个人素质的综合表现；

E_1——客观环境作用对企业家成长发展影响的函数式；

I——个人素质对企业家成长发展影响的函数式。

这一模式表明，单个企业家的成长和发展受到其所处的客观环境因素和个人主观因素的共同影响，两者缺一不可。

企业家队伍的成长状况则由企业家数量和质量两部分构成，其中质量可以通过个体企业家成长发展状况的考察来表示，而企业家数量则主要取决于客观环境因素，可以通过以下公式来表示：

$$M = E_2(x_1, x_2, x_3)$$

式中：x_1, x_2, x_3分别为外部、组织、个人环境；

E_2为客观环境对企业家数量影响的函数式。

于是，企业家队伍的成长发展状况可用公式表示为：

$$L = M \cdot N$$

综合研究显示，在企业家的成长路径中，客观环境和个人素质两方面是决定企业家成长模式的重要因素。其中，客观环境的影响更大。这说明，企业家队伍健康成长的关键在于国家能够提供良好的适应企业家成长发展的客观环境。客观环境主要包括市场环境、政策环境、技术进步和社会文化等，这些因素会对企业家的商业眼光、创新能力和市场适应性等方面产生积极或消极的影响。

此外，企业家自身的素质、经验和人格特征等方面也会对企业家的成长产生重要的影响，其中领导力、创新能力、人际交往与管理能力等素质是企业家的核心竞争力。因此，企业家必须不断完善自身素质，学习新知识，结构化管理创新方式，提高个人素养，维护品牌形象，以适应和应对不断变化的市场环境和企业发展的需要。总体来看，企业家成长的模式既受到客观环境的影响，也取决于自身素质。企业家需要提高和发展自身素质，做出合理的选择和决策，以实现个人和企业的长期发展和可持续性发展。

综上所述，企业家的个人素质，企业家的成长发展，乃至企业家队伍的形成通常离不开特定的客观环境。因此，为了促进我国企业家的成长发展和企业家队伍的形成，企业必须尽快建立一整套有利于企业家脱颖而出的成长发展机制。

企业家成长发展状况模式如图 2-1 所示。

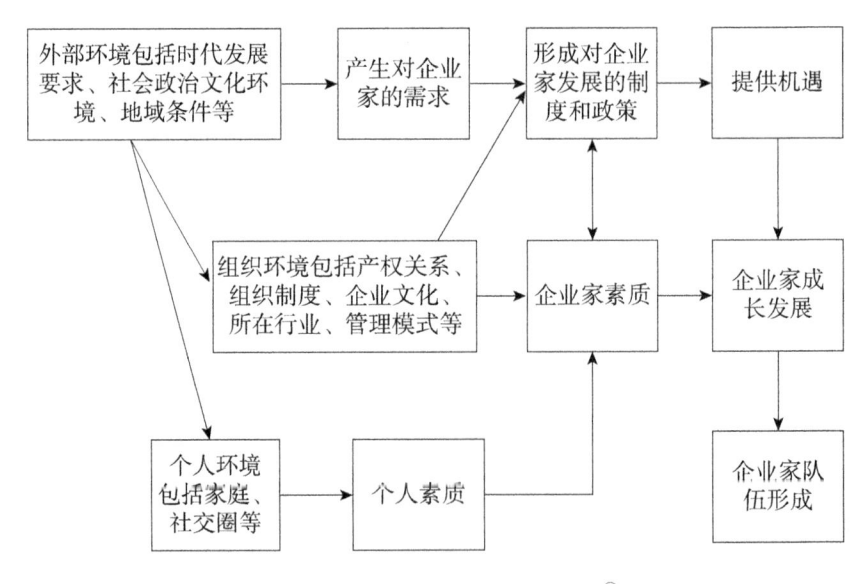

图 2-1　企业家成长发展状况模式[①]

---

① 郑予捷. 知识经济时代我国企业家成长发展机制的研究 [D]. 成都: 西南交通大学, 2002.

第三节 企业家成长的机制

一、企业家成长机制的定义

"机制"来源于英语单词 mechanism，它的本义是指一种系统、体系或方法，用于实现特定的目的或达到特定的结果。在不同的语境中，机制的具体含义可能有所不同。在社会科学领域，机制一词的含义已经扩展，指代社会中各种不同群体和组织之间的相互合作、竞争和冲突关系，以及在实现某种社会功能的过程中，各种社会因素所发挥的作用。简单来说，机制旨在实现某种社会功能，通过各种要素之间的相互联系和作用关系来完成。因此，企业家成长机制指的是在企业家的职业活动中，导致其行为产生影响的各种因素与其行为之间的相互联系和作用的关系，是影响和促进企业家发展的各种因素和机制[1]。

这个机制是一个相互关联的系统，包括了社会体制、政府政策、市场环境、文化氛围、教育等方面的多个层面。通过这些因素的相互作用，企业家在不同背景和领域中得到成长和发展。企业家成长机制的研究不仅从理论层面探讨了企业家的成长过程，而且结合实际情况，从实证和案例分析角度，提出了应对不同因素的策略和措施，并为企业家的成长和成功提供了理论依据和实践指导。企业家成长机制是复杂而多维的，需要从多个层面条件下加强探讨，并为企业家提供更加全面和系统的支持。

二、企业家成长机制的划分

根据企业家成长机制的定义，企业家的行为以及影响其行为的因素是

---

[1] 张力恒. 甘肃省企业家成长机制研究 [D]. 兰州：兰州大学, 2008.

该机制形成的主要原因。根据企业家这一职业的进入和退出行为建立企业家市场流动机制。在进入企业后，激励约束便成为对企业家行为影响最直接的因素。在企业中对企业家活动进行评价和划分的过程称为企业家业绩考核机制。为提高企业家的能力，加强对企业家行为的优化，企业需要建立适当的企业家培训机制。

综上所述，企业家成长可根据发展阶段划分为四个机制，即企业家市场流动机制、企业家激励约束机制、企业家业绩考核机制、企业家培训机制。企业家成长机制划分如图 2-2 所示。

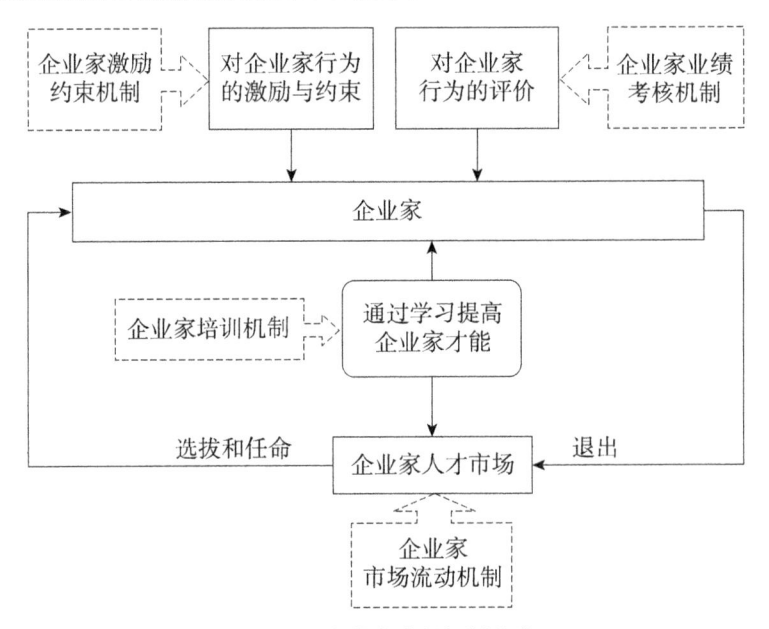

图 2-2 企业家成长机制分类

（一）企业家市场流动机制

企业家市场流动机制是指在市场环境下，创业者和企业家通过市场机制相互作用，实现资源的配置和流通，推动企业家的成长和发展。这个机制包括了创业者与市场、企业家与市场、企业家间的相互作用等多个方面。通过这些相互作用，企业家市场流通机制引导市场精英向高效、创新、具有竞争力的企业家发展，同时也会淘汰掉低效、缺乏竞争力的企业家，在市场竞争中形成更加合理的企业家生存和成长机制。在企业家市场流动机制中，企业家需要适应市场变化，从市场的角度出发思考问题，灵活地应对市场机制的变化。因此，开发新产品、扩大市场份额、加强品牌形象塑造、培养人才等方面的市场行动都被视作推动企业家成长的重要策略。企业家必须密切关注市场环境、了解市场需求，以最大限度地适应市场机制，推动自身的成长和发展。

企业家作为人力资本应与物质资本一样是动态变化的，这种动态变化是在企业家成长过程中进行的。因此，企业家可以通过这种自身的动态变化来丰富和增加自身职业生涯的经历，拓宽其职业视野。邓宏图（2002）的研究指出影响企业家内部流动和外部流动的因素有很多，主要包括企业内部体制、企业自身的治理结构、经济、法制基础以及企业家获取利润的动机等。

市场经济体制效率的提升是离不开企业家流动的。现今，西方发达国家拥有比较健全的市场经济，企业家可以在此机制下形成良好的流动。因此，企业家可以借助较为完善的企业家市场来实现比较高程度的自由流动和有效率的配置。然而，对于经济体制尚需完善的中国，企业家的自由流动是亟待解决的问题。

（二）企业家激励约束机制

激励既包括正激励，主要有肯定、赞扬、奖赏、信任等；也包括负激励即约束，主要有否定、约束、批评、惩罚等。从委托－代理的角度来看，激励是指委托人或组织通过制度设计和行为规范来激励和控制代理人或企业家的行为，从而实现主客体双方的利益最大化。这种系统活动需要有可操作性的措施和信息沟通来激发和影响代理人或企业家的行为。激励约束机制可以根据发挥作用的不同大致分为两类：物质激励约束机制和精神激励约束机制。物质激励约束机制主要有：薪酬激励约束机制和控制权激励约束机制。精神约束激励主要有：声誉激励约束机制和市场激励约束机制。

1. 物质激励约束机制

（1）薪酬激励约束机制

薪酬激励约束机制是现代组织管理中普遍采用的一种管理机制。通过制定科学合理的薪酬体系，给予员工与其贡献相匹配的薪酬，以激励员工积极工作并使企业获得更大的利润。薪酬激励约束机制也能够限制员工可能出现的不当行为，同时规范员工的行为，提高企业整体的运营效率和效益。据西方学者的理论，企业家的薪酬来源包括在企业运营过程中承担风险并预测不确定性所获得的收入、创新所带来的回报，以及发现并抓住获利机会所获得的投机收益。随着现代企业制度的发展，企业的控制权和所有权实现了分离，企业组织结构发生了根本性的变化，企业家的重要性也日益凸显。企业的治理结构需要依赖于企业家行为的变化。因此，从激励角度而言，薪酬便成为鼓励企业家积极工作的重要因素。由于企业经营者需要尽可能地规避风险获得收益，在现有的市场经济条件下，将企业家的收入与企业家规避风险的行为联系起来，实现薪酬制度的多样化，在薪酬方面实行年薪制可以达到很好的激励作用。实行年薪制可以有效地促进企业家队伍的成长，同时企业家作为市场经济中的一种生产要素，可以实现要素的合理分配。因而，年薪制在保障所有者权益的条件下，是获得高质量的企业家以及实现激励的有效措施。

股票期权是以股票为标的物的期权，企业家等高级管理人员一般在受聘、升职、每年一次的绩效评定时获赠股票期权。股票期权通常是指企业所有者给予包括企业家在内的高级管理人员的一种权利。这种权利允许企业家等高级管理人员按照双方约定好的期限以某一固定的价格去购买一定数量的本企业股票，规定的期限一般为3~5年。该权利不可转让，但所购股票可以转让。股票期权的收益来自购入价与未来市场交割价之间的差额。通俗来说，如果该股票价格在期限内上涨，企业家等高级管理人员可以根据自己判断的合适价位抛出股票，从而赚取股票买入价和卖出价之间的价格差。所以，股票期权激励会有效地弱化企业经营决策的短期化，从而有利于公司的长远利益[1]。

由于企业的绩效与企业股票价格有直接关联，随着企业绩效上升，股票价格也会随之攀升，因此，企业家也会获得巨额的股票差价收益。在巨额的利益推动下，企业家就会着眼于长期的盈利成果，最大限度地提高企业绩效，从而改变短视心理而注重长期利益。当企业选择该薪酬分配方式时，企业家的风险和利益与企业的风险和利益密切相关，从而对企业家的约束得到加强，并使其能更加清晰、透明地制定经营策略和目标。

（2）控制权激励约束机制

控制权激励是指在寻求代理成本最小化的过程中，通过分配管理决策的控制权和产权收益的结构设计，来实现被激励者的自我激励，保持激励作用的持久性。在这种机制下，被激励者将积极参与决策和管理过程，从而对企业的发展产生有利影响，同时也加强其对企业利益的关注和保护，提升组织内部运作的高效性和稳定性[2]。

控制权是一种职位特权，控制权的大小是由管理人员所处的职位决定的。控制权带来的激励作用通常由职位晋升的获得感产生。职位晋升不仅意味着物质报酬的增加，更重要的是控制权范围的扩展和社会地位的提升。在企业实际工作中，企业家实际控制权的授予与约束是根据企业治理结构进行动态调整的。根据马斯洛需求理论，控制权作为重要的精神激励资源，会满足企业家"受到尊重"的需要。从组织行为学的角度来分析，一个人拥有较大的控制权会让其产生成就感，这种成就感会激发其付出更多的努力、影响更多的人，从而为企业绩效做出贡献。但是，过大的控制权会产

---

[1] 袁志忠,叶陈毅,罗书章.上市公司高管薪酬激励机制有效性实证分析[J].企业经济,2010(04):176-178.

[2] 方军雄.捐赠,赢得市场掌声吗?[J].经济管理,2009,31(07):172-176.

生负面结果。国外学者曾将企业绩效与企业家的成就、权力以及归属等联系起来进行研究。

国外相关研究结果表明，最高绩效的公司是由高成就需要和中等权力需要的企业家领导的，这些企业家把高成就需要和中等权力需要相结合，其公司绩效高于其他组合。中等成就需要的企业家领导的公司绩效比前者低。高归属需要的企业家领导的公司绩效较高。这项研究的重要价值在于，有必要遏制企业家的控制权和他们追求控制权的欲望，否则会降低公司的绩效[1]。

2. 精神激励约束机制

（1）声誉激励约束机制

声誉激励指为了追求成就的需要或自我实现的需要，从而激励企业家追求良好的社会声誉。声誉激励约束机制也称作"荣誉激励约束机制"，指企业以声誉向企业家或管理者提供行为激励的机制。良好的职业声誉可以使企业家或高层管理者获得较好的社会赞誉及较高的社会地位，从而使其获得成就感和满意的收益。同时，激烈的市场竞争和信息披露要求企业家或管理者注重其声誉，在企业经营中保持危机感，并对其机会主义等行为形成约束。

企业家的声誉对企业的绩效和经理人行为有着重要的影响，因此声誉激励约束机制是公司治理中一种十分重要的隐性激励制度。企业家的声誉对企业家的激励以及企业家事后的行动选择有着巨大的影响，从而对公司的控制权安排产生较大的影响[2]。

（2）市场激励约束机制

在激烈的市场竞争中，企业家的经营业绩直观反映了企业经营活动的

---

[1] 黎志成,侯锡林.简评管理学中的激励理论[J].科技进步与对策,2003,20(18):182-185.
[2] 雷井生,林莎.企业家声誉对控制权配置影响的实证研究[J].科学学与科学技术管理,2011,32(12):160-167.

整体状况。企业经营业绩的判断主要依据企业的盈利能力和企业的发展能力两个主要指标。盈利能力较强的企业反映了在企业家的经营下企业具有良好的财务状况，同时，企业的发展能力较强也体现了在企业家的经营下企业取得了良好的经营成果。较好的企业盈利能力和企业发展能力能够给企业家带来较高的职业声誉，企业家的经营能力和社会地位也会提高；反之，企业盈利能力和企业发展能力较差会使企业家受到市场惩罚，进而影响企业家的职业声誉。

市场激励约束机制对企业家的压力源于企业家市场的竞争和退出机制，但这种机制的实现却是商品市场、资本市场和企业家市场共同作用的结果。商品市场的功能是通过商品竞争力来反映企业家的经营绩效和经营能力。资本市场上价格的波动在一定程度上反映了企业经营者的业绩，是对其行为的一种度量，同时也会对其产生激励作用。在企业家市场上，企业家与劳动力和一般商品在本质上并没有什么区别，因此企业家市场对企业家的激励和约束作用是相互联系的[1]。

（三）企业家业绩考核机制

企业家作为一种异质性人力资本，具有竞争性、稀缺性、价值性等特点，这是由企业家岗位的特殊性决定的，也正是因为这些特点成就了企业家作为企业核心竞争力的重要因素。企业家可以通过知识学习和技能应用实现对企业发展的创新，为企业发展创造最大化效益。企业家作为企业不可缺少的资源，对企业家自身能力进行考量成为促进企业发展的关键。企业拥有科学、合理、高效的考核机制成为企业家获得自身快速成长动力的重要前提。因此，在对企业家业绩考核的具体实施过程中，首先，应明确考核主体和考核目的。其次，在明确主体和目的后，在后面的实施进程中应该

---

[1] 郭嘉刚,兰玉杰.论我国企业家的激励约束机制[J].河南科技大学学报(社会科学版), 2008(01):83-86.

配备完善的考核制度。同时，为保证考核过程的公平性，考核指标应当设置明确。最后，考核完成后，可以与激励机制结合起来，设置奖惩的条件，实现有效的激励。

企业家业绩考核机制可以采用卡普兰和诺顿（1992）提出的平衡计分卡机制。该机制是基于企业核心能力的较为完整的财务指标与非财务指标相结合的业绩评估体系。这套体系从财务、顾客、企业内部业务流程、学习和成长四个角度将企业长期战略与短期目标联系起来，既让企业能够注重对长期发展的规划，又有助于企业在短期发展中实现经营的协调。其主要内容包括建立反映顾客满意度的标准、考核企业家时按企业目标计量其贡献、长远考虑创新与学习标准（即企业是否能持续创造价值）。此方法突出了顾客和企业的长远利益，形成了财务指标与非财务指标相结合的业绩评价指标新体系[①]。

（四）企业家培训机制

企业家的优秀才能并不是单单靠天赋就可以拥有的，任何事物的发展都是阶段性的，企业家也不例外。企业家也需要吸收知识使自己获得成长。随着知识经济的发展，企业家的培训也显得愈发重要。所以，企业需要建立一套完整有效的企业家培训机制来帮助企业家实现自我提升。首先，在企业家任职前，要做好岗前培训和经过相关的工商管理职业培训，以便企业家获得任职资格证书。其次，在完成岗前培训后根据任职情况对企业家进行针对性的再培训。关于培训方法，可按照岗位的配置采取在岗培训和离岗培训，也可按照时间发展采取短期培训与中长期培训相结合。关于专业知识，可以针对性地采取学历进修与高校教育，以及聘请专家到企业培训，有条件的可采取国外培训。更重要的是，要根据企业的发展情况采取对应的方式来迅速提高企业经营者队伍的整体素质，帮助企业家更好地成

[①] 王雪.中国企业家成长机制研究[D].北京：中共中央党校,2004.

长，培育更高层次的企业家队伍。除此之外，冯志峰（2016）认为应注重产业的转型升级，以创新推动产业结构优化升级、推动科技体制机制创新、建立健全企业家培育机制。

总之，企业家的培训不仅对企业家现有能力进行改善，还要在产业创新的基础上推动企业家成长。

根据国内学者对企业家成长机制的研究，我国对企业家成长机制的研究大部分针对的是国有企业的企业家，较少针对民营企业的企业家。国有企业家成长机制框架如图 2-3 所示。

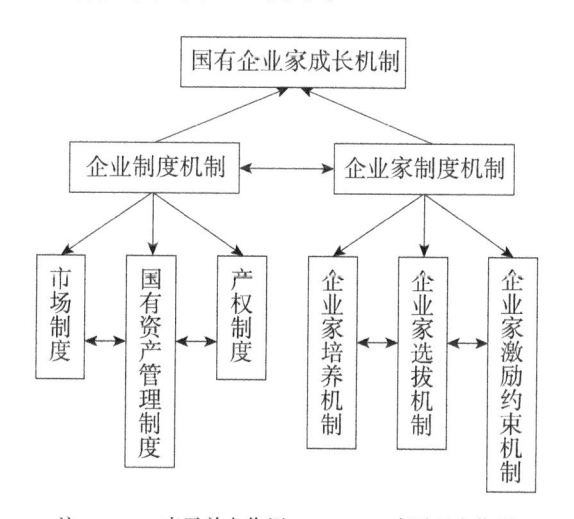

图 2-3　国有企业家成长机制框架[1]

杨伟（2008）构建了民营企业家成长机制框架。他认为民营企业家成长机制由外生机制和内生机制构成，其中外生机制主要是宏观机制，包括政治法律机制、社会文化机制、市场运行机制；内生机制由微观机制和自我机制构成，微观机制包括激励机制、约束机制、筛选机制，自我机制包括企业家能力、企业家素质、企业家精神。民营企业家成长机制框架如图2-4 所示。毕玮（2012）提出了我国中小民营企业家成长机制的设计框架，

---

[1] 曲亚琳. 我国国有企业家成长机制研究 [D]. 开封：河南大学, 2007.

主要包括环境机制、机会机制、能力机制、动力机制四大方面，这四者共同构成了中小民营企业家成长机制体系。中小民营企业家成长机制框架如图 2-5 所示。

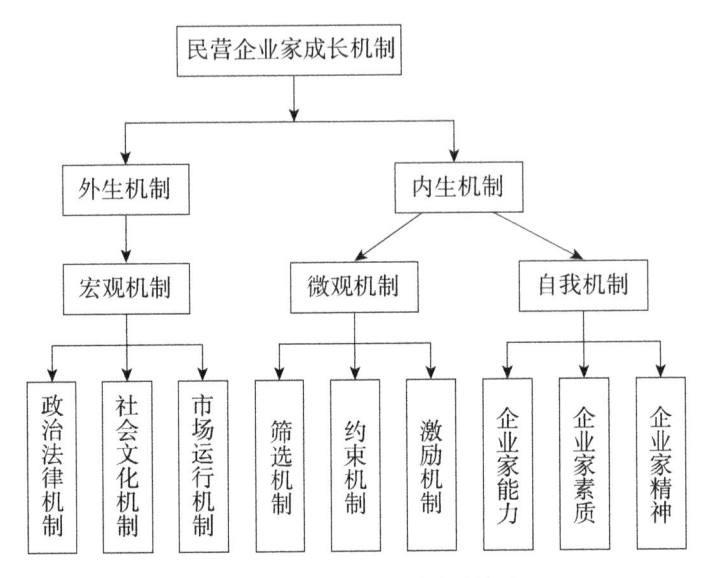

图 2-4　民营企业家成长机制框架

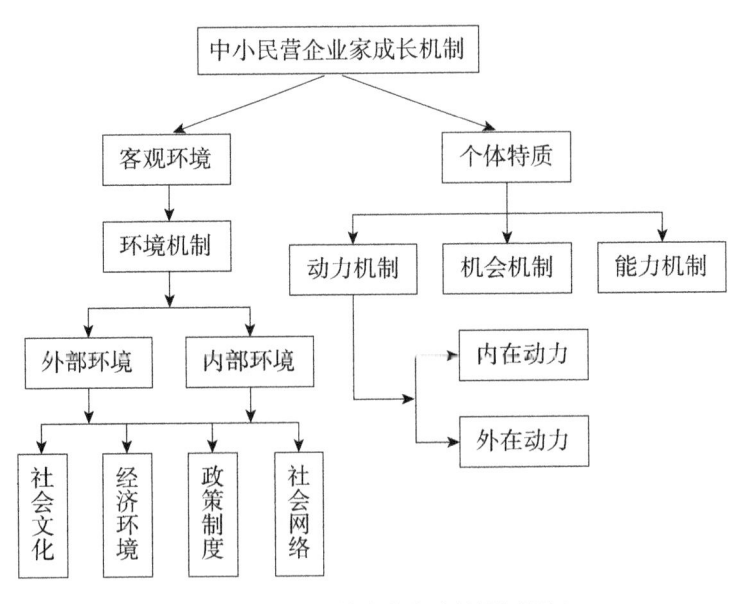

图 2-5　中小民营企业家成长机制框架

第四节 研究述评

随着我国经济转向高质量发展，企业家的成长是企业发展不可缺少的重要条件。企业家的成长也成为政界和学界关注的重点。因此，本节主要从企业家理论、企业家成长模式、企业家成长机制三个方面对企业家成长进行了梳理。

一、企业家理论

对企业家理论的探讨分为三个部分。第一部分，结合先前学者们的研究对企业家定义进行了追根溯源。因为不同时期的经济发展背景不同，所以不同时期的学者们对企业家的研究有各自鲜明的特征。

第二部分，根据企业家发展的不同阶段开展分析。在对企业家理论的研究进行分析时，国外研究大致分为三个时期，分别是古典经济学时期、广义古典经济学时期、现代经济学时期。18—19世纪的古典经济学时期，是对企业家研究奠定基础的关键时期。作为古典经济学的创始人，亚当·斯密提出各种资源的配置是"看不见的手"来进行引导。因此，在这种机制下，企业家也就失去了在经济增长中独有的特殊性。"电气时代"的到来也成为经济发展的重要转折点，从19世纪70年代到20世纪30年代的这一时期，实现了古典经济学向新古典经济学的过渡并由此形成了广义古典经济学时期。这一时期主要的学派被划分为三个主要分支：洛桑学派、新古典经济学派、奥地利学派。20世纪30年代的经济危机使得西方经济受到了巨大的冲击，在此背景下的凯恩斯革命使得经济学研究主题也发生了重大变化，所以在这一时期也伴随着新古典经济学向现代经济学的过渡。经济学家们的研究重点从新古典经济学中的收入分配、市场机制转向了古典经济学的经济增长问题。

因而从"企业家"角度出发，着重从现代奥地利学派、德国历史学派、新古典芝加哥学派等来进行分析。20世纪70年代，由于经济发展陷入停滞，凯恩斯主义无法发挥作用。现代奥地利学派重回大众视野。

关于国内学者对企业家理论的研究大致可以追溯到20世纪80年代，主要学者有张维迎、丁栋虹等。张维迎提出，一个人能否成为企业家在很大程度上是受到个人财富的限制的，并不是每个人都有选择企业家职业的自由。资本家更有能力做出这种选择，因而，资本是成为企业家的必要条件。丁栋虹对企业家的四种模式：资本模式、代理模式、创新模式和人力资本模式进行了侧重分析，指出人力资本模式在中国发展的特殊要求即寻求企业家的地位。这是与国外研究相区别的。除上述学者外，还有其他学者也提出了自己的观点。

综上所述，对企业家理论的研究在不同时期、不同国家都有各自的贡献。但是，正如前面所说，正是因为这些学者处于不同的历史阶段，对企业家的研究才会有足够多的经验积累。国内外学者付出的努力对我国现代企业家的发展仍然有很大的帮助作用。

第三部分，介绍了企业家成长理论。企业家成长关系着企业的发展。结合企业家理论的发展，不难看出任何时期的企业家都有各自的特点。但是每个时期的企业家也存在着联系。企业家的成长是基于环境的变化来获得的。对于企业家成长理论，国外学者根据学派进行了探索。国内学者对企业家成长理论主要从四个方面进行了重点研究，分别是：制度论、市场论、产权论、资本论。制度论认为，建立以公司制为代表的现代企业制度是企业家成长的关键。因为在我国现行经济中大多数企业仍然是属于"资本主导"的，所以在这里对企业家成长的有关制度分析实际上是基于委托－代理理论进行的。

目前，委托代理关系尚存在很多问题，尤其是在国有企业、私营企业以及公司股东与公司经理之间较为常见。这些问题在一定程度上也直接影响到了企业家成长的方向，进而影响到了企业内部的发展。因而，委托代理关系清晰，激励约束机制有效实施，有利于企业为企业家提供健康的成长环境。市场论的基础是社会经济发展环境。

社会经济发展环境是市场经济，市场经济要求企业家必须遵守市场规则。根据社会主义市场经济体制的要求，企业家应该有能力独立整合企业内部各种资源，确保企业资产的保值增值。为实现这一目标，国家需要提供相应的环境，如创建有利于企业发展的法律政策环境、维护市场秩序、保障企业间的公平竞争，并且建立良好的企业家培养机制。所谓的成长市场理论主要针对国有企业，国有企业家成长的关键是要改善市场环境和获得充分信息。

企业家作为一种重要的社会生产力是企业发展的根本。完善的市场竞争能产生一种非契约式的"隐性激励"。企业家也能在良好的竞争环境下实现优质成长。产权论是基于现代产权制度要求提出的。因而，产权论认为产权明晰是企业经营、改革的关键和切入点。明晰产权制度不仅能保护资产所有者的财产权，也是对企业家能力的保护。资本论是基于物资资本和人力资本来对企业家成长进行关注。企业家必须同时具有企业家人力资本和企业的物质资本，二者相辅相成、缺一不可。在传统的产业经济中，物质资本在企业发展中占主导地位，但随着知识经济的到来，人力资本超越了物质资本，取得了在企业发展中强有力的优势地位。总而言之，国内外学者从不同的视角对企业家成长进行关注，并对企业家理论进行了不一样的阐释，因而，在实践中可以帮助企业家从不同角度审视自己，也对企业家的成长有很大的启示意义。

二、企业家成长模式

企业家的成长模式研究主要是从影响企业家成长的因素入手，分析了两大主要影响因素：一是企业家作为行为反映主体体现出来的个人素质，二是企业家所处的客观环境。客观环境按照对企业家的影响大致可以分为三类：个人环境、组织环境、外部环境。根据企业家在两大主要因素影响下的一般数学模式，通过分析不同因素之间的相互影响作用，得出企业家成长受到客观环境影响作用较大。因而，企业需要对企业家所处的客观环境进行必要的调整，建立起一套适合企业家个人和企业家队伍的成长和发展机制。

三、企业家成长机制的分析路径

在对企业家成长机制进行分析时，主要从四个方面展开：企业家市场流动机制、企业家激励约束机制、企业家业绩考核机制、企业家培训机制。在企业家市场流动机制中，企业家作为人力资本应当像物质资本一样动态变化，这种流动变化可以为企业家带来自身经验的积累，帮助自己快速成长。但是这种机制会受到多方因素的制约，如企业内部结构、企业外部环境等。相比于西方，目前我国还没有较为完善的企业家市场流动机制。企业家激励约束机制从物质和精神两个方面来展开。

根据马斯洛需求理论，人们在不同时期会产生不同层次的需求，企业应当结合企业家实际工作中的业绩给予适合企业家的待遇。当企业家出现不符合逻辑的行为时，企业应当结合亚当·斯密的公平理论对企业家没有做到真正激励的行为进行分析并及时纠正，帮助企业家快速恢复和成长。企业家业绩考核机制在实施时应明确企业是否拥有科学合理高效的考核机制，这也是企业家获得自身快速成长动力的重要前提。后续工作应结合企业的实际具体开展。考核完成后结合企业家约束激励机制为企业家设置相匹配的奖惩。企业家的天赋固然重要，但对企业家进行培训，可以充分发挥企业家的创新能力。

总而言之，企业家成长机制是引导和促进企业家成长的关键。目前，现有的研究对民族地区企业家的成长关注较少，因此，在新的时代背景下，如何使民族地区企业家获得更好的成长环境是本研究关注的重点。企业家是支撑企业发展的核心要素，不同时期的学者对企业家的研究有所差异，但是不可否认的是，数字经济的到来将给予民族地区企业家更多的关注。民族地区企业家的成长关系到民族地区企业的发展和竞争优势的实现，更关系到民族地区经济社会的发展。因而，关注民族地区企业家成长，对研究民族地区企业家的成长机制，在此基础上为民族地区企业家提供适合其成长的环境是推动企业发展，更是推动区域经济发展不可缺失的力量，具有重要的理论和现实意义。

第三章 民族地区企业家成长现状

我国民族地区地域辽阔、幅员广大、资源丰富，在我国国民经济和社会发展中具有十分重要的战略地位。2017年1月，国务院发布的《"十三五"促进民族地区和人口较少民族发展规划》指出，我国是一个统一的多民族国家，共有55个少数民族、155个民族自治地方，少数民族人口占全国总人口的8.5%，民族自治地方面积占全国国土总面积的64%。"十三五"时期，我国把民族地区发展摆到更加突出的战略位置，积极整合各方资源，加大国家扶持力度，加强民族地区现代化综合交通运输体系建设，大力培植民族地区优势产业，加快发展民族地区特色产业[①]。

2021年3月通过的《中华人民共和国国民经济和社会发展第十四个五年规划和2035年远景目标纲要》中指出，要健全区域协调发展体制机制，聚焦铸牢中华民族共同体意识，加大对民族地区发展支持力度，全面深入持久开展民族团结进步宣传教育和创建，促进各民族交往交流交融；提高民族地区教育质量和水平；全面贯彻党的民族政策，坚持和完善民族区域自治制度，铸牢中华民族共同体意识，促进各民族共同团结奋斗、共同繁荣发展[②]。

随着国家经济和社会的发展，在民族地区，创业者们已经渐渐成为推动地方经济发展的一股十分强大的力量，并且呈现出良好的发展态势。在市场经济条件下，市场竞争日趋激烈，但由于政策等因素的影响导致当地经济发展状况不理想、水平也相对较低，且具有较大波动性和风险性；同时受传统观念及自身素质等的制约使得部分中小企业主对企业管理存在一定的误解，不能适应现代社会经济的要求。目前，我国少数民族地区主要是在改革开放之后才开始逐步建立起具有一定特色的企业。从民族自治区

---

① 国务院关于印发"十三五"促进民族地区和人口较少民族发展规划的通知（国发〔2016〕79号）_政府信息公开专栏[EB/OL]．

② 中华人民共和国国民经济和社会发展第十四个五年规划和2035年远景目标纲要_滚动新闻_中国政府网[EB/OL]．

域来看，有许多地方都是以传统型产业为主要生产内容，而对于那些拥有丰富资源、劳动力密集性强、产品附加值高、技术含量较高等优势行业来说则相对落后一些，这些都使得当地区域经济增长缓慢甚至停滞不前。由于当地企业自身资源条件所限，使得其在创新能力方面较为薄弱；同时因为这些少数民族区域大多是以劳动力为主要生产要素，导致了当地企业缺乏活力、产品竞争力较弱。由于这些民族地区的经济发展水平较低，其管理方式也比较粗放，导致了企业缺乏竞争意识和创新能力。对于民族地区而言，政府需要不断提高自身综合实力来加强与其他省份和国家之间的合作交流，同时要注重培养企业家素质、增强市场竞争力，以及加强开拓新领域等方面的人才建设工作，还应该加大对民族地区经济发展所需科技资金投入力度，促进其技术水平提升，使这些民族地区具有较好的经济基础以及先进的管理理念和经营模式。民族地区企业家在创业过程中，仍然面临着各种各样的新挑战。民族地区的企业未来发展不确定性增强，受到各种资源和环境的约束不断加大，制约企业家成长的体制机制依然未能得到全部解决。

第一节 民族地区企业家成长历程及现状分析

一、民族地区企业家发展历程

我国的少数民族主要分布于新疆、内蒙古、贵州、广西、四川、云南、宁夏、西藏、青海等省、自治区。自改革开放以来，按年代和重大事件进行划分，民族地区企业家的成长大致分为以下三个阶段。

第一阶段是 20 世纪 80 年代。1982 年 1 月 1 日，中共中央批准了《全国农村工作会议纪要》（以下简称《纪要》）。《纪要》指出：在我国的农村，有"段包工"定额工资制度、"合作社"联产承包制度、"包产到户"制度和"包干到组"制度，这些都属于社会主义制度下的集体责任制。《中共中央关于经济体制改革的决定》（以下简称《决定》）于1984年10月在党的十二届三中全会上正式发表，并对经济体制改革的许多内容进行了阐述，提出了一些重大理论和实践问题。《决定》打破了以往将计划经济与商品经济相对立的思维定式，并在此背景下，确立了"在公有制的前提下，有计划的商品经济"的观点；打破了以前将全民所有与国家机构直接经营企业相混淆的思维，并提出"所有权与经营权是可以合理分离的"，从那时起，我国开始了以城镇为中心的经济结构调整。因此，企业要把提高国有经济的活力放在首位，对权责和奖惩做出明确规定，以增强企业经营者的责任感。到1987年，全国80%的国有企业实行了各种形式的承包经营责任制。在国有企业改革的同时，不同所有制的多种经济成分得到发展。中外合资、中外合作、外商独资企业和国内劳动者的个体经济、私营经济等非公有制经济成分，在国家的允许和引导下，获得迅速发展。以公有制为主体、多种经济成分并存的所有制结构的形成，开创了发展国民经济、方便人民生活和扩大就业的新局面[1]。

与此同时，中央加大了对少数民族地区的经济投入，民族地区各族群众的思想观念也发生了变化，出现了部分农民、城镇青年、国营企业下岗工人、退役军人、政府基层官员创业的现象，这些人中有的成了民族地区的企业家，促进了当地经济社会的发展。

第二阶段是20世纪90年代。1992年1月18日到2月21日，邓小平同志分别在武昌、深圳、珠海和上海做了重要的演讲。在20世纪90年代，邓小平同志的"南方谈话"是中国经济改革和社会发展的重要推动力[2]。

---

[1]【百个瞬间说百年】1984，《中共中央关于经济体制改革的决定》_共产党员网[EB/OL].

[2] 邓小平南方谈话_360百科[EB/OL].

1992年邓小平同志南方谈话以后，中国政府在进一步巩固沿海地区对外开放成果的基础上，逐步加快了中西部地区对外开放的步伐，相继开放了一批沿边城市、长江沿岸城市和内陆城市，设立了三峡经济开放区，由此形成了沿海、沿江和内陆省会（首府）城市相结合的，多层次、多渠道、全方位的对外开放格局。在这一时期，国家积极调整少数民族地区的产业结构，有计划地使国营大中型企业向当地辐射经济活力，向当地扩散配套产品、延长产品链，逐步改变长期价格扭曲和优势产业单一的局面，使少数民族地区的人民得到经济实惠。在搞活民族地区大中型企业的同时，带动了民族地区的中小企业发展，形成了地方产业集群。通过国营大中型企业帮助地方发展中小企业，为少数民族地区培养了企业管理人才，促进了民族地区企业家的成长和企业家队伍的发展。

第三阶段是21世纪初期到现在。2001年12月11日，中国正式成为世界贸易组织（WTO）的第143名成员。加入世贸组织以来，中国不断扩大对外开放，激活了中国经济发展的活力，进入经济快速增长期。2001—2020年，中国经济总量快速攀升，从11.1万亿元增至101.6万亿元，占世界比重从4%增至17.4%。中国连续多年对世界经济增长贡献率超过30%，成为世界经济的主要稳定器和动力源，为促进世界经济贸易发展、增加全球民众福祉做出了重大贡献[1]。

在我国的综合国力不断增强的同时，党中央、国务院也在不断加大对少数民族和民族地区的扶持，让更多的人享受到了改革发展的红利。2005年，中共中央、国务院发布了《关于进一步加强民族工作加快少数民族和民族地区经济社会发展的决定》，在此基础上，还编制了3个全国性的专项规划，为推动民族地区的发展做出了积极贡献。《少数民族事业

---

[1] 理论网_一锤定音 中国加入世贸组织 [EB/OL].

"十一五"规划》是新中国成立后第一个与少数民族事业发展有关的规划,是国家关于促进民族和民族区域发展的一项重要决策。中国实行了一系列的财政、税收、对外开放、培养人才、发展资源的方针措施,帮助和支持民族地区加快发展。如实施西部大开发战略,建立少数民族发展基金,把重点放在少数民族的整村发展上,制订和执行支持少数民族发展和少数民族事业的专项计划,发布了新疆、西藏、广西、宁夏、青海、云南等少数民族聚集省、自治区的少数民族发展和社会发展的政策文件,组织实施对口支援等[①]。

国家出台各种优惠政策助力民族地区发展,有力地促进了少数民族和民族地区经济社会又好又快发展。在这一时期,经过改革开放和民族地区经济发展经验的积累,民族地区企业家的数量和质量有了显著的提升,逐步形成了企业家队伍,涌现了一批高素质的企业管理人才。

二、民族地区企业家发展现状

民族地区具有特殊的自然地理环境与资源环境,使得少数民族企业家成长具有明显的地域性。民族区域经济发展水平不同造成了各市间企业在数量及产业规模上有较大差别,第二、三产业层次结构也存在一定差距;地域之间基础设施建设不完善,导致人才流失严重,并且影响了企业家管理能力与创新意识的提高以及经营理念和方式方法的改善等。这些都在很大程度上限制着企业家创业能力的提升。

基于数据的可得性,收集整理上市公司数据,截至 2021 年 12 月:广西一共有 92 家上市公司,其中 A 股市场有 41 家、新三板市场有 47 家、港股市场有 4 家、美股市场有 0 家;内蒙古一共有 75 家上市公司,其中 A 股市场有 25 家、新三板市场有 45 家、港股市场有 5 家、美股市场有 0 家;新疆一共有

---

① 综述:中国加快少数民族地区经济社会发展——中新网 [EB/OL].

115家上市公司,其中A股市场有60家、新三板市场有50家、港股市场有5家、美股市场有0家;西藏一共有31家上市公司,其中A股市场有22家、新三板市场有9家、港股市场有0家、美股市场有0家;宁夏一共有53家上市公司,其中A股市场有15家、新三板市场有38家、港股市场有0家、美股市场有0家;贵州一共有73家上市公司,其中A股市场有35家、新三板市场有34家、港股市场有3家、美股市场有1家;云南一共有104家上市公司,其中A股市场有42家、新三板市场有57家、港股市场有4家、美股市场有1家;青海一共有13家上市公司,其中A股市场有11家、新三板市场有2家、港股市场有0家、美股市场有0家,如图3-1所示。

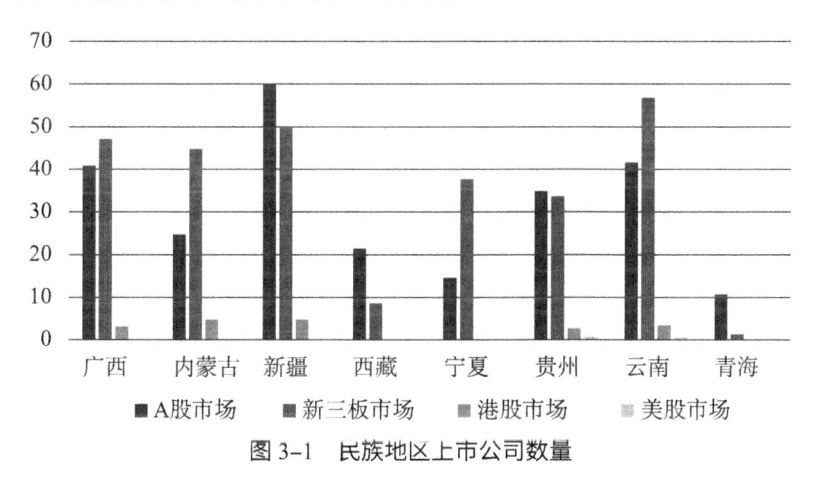

图3-1 民族地区上市公司数量

(数据来源:同花顺问财)

截至2021年12月,民族地区的上市公司中,广西有男性企业家585人,女性企业家161人;内蒙古有男性企业家444人,女性企业家104人;新疆有男性企业家872人,女性企业家309人;西藏有男性企业家303人,女性企业家90人;宁夏有男性企业家258人,女性企业家52人,如表3-1所示。男性与女性企业家在各民族地区的数量如图3-2所示。民族地区上市公司男性与女性企业家比例如图3-3所示。

表 3-1 民族地区上市公司男女性企业家数量统计表

地 区	男性企业家/人	女性企业家/人	合计/人
广西	585	161	746
内蒙古	444	104	548
新疆	872	309	1181
西藏	303	90	393
宁夏	258	52	310
合计	2462	716	3178

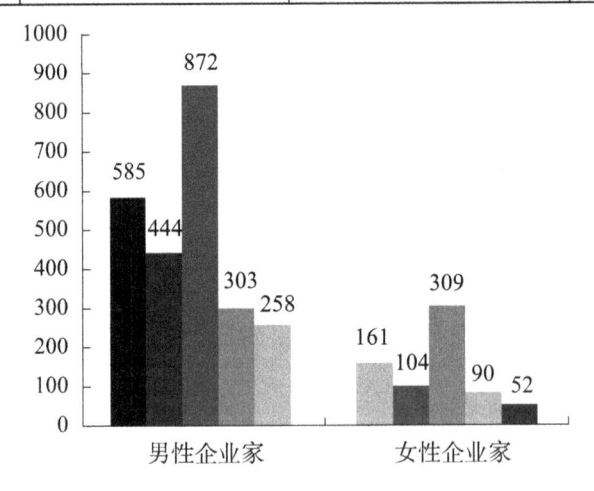

图 3-2 男女性企业家在各民族地区的数量

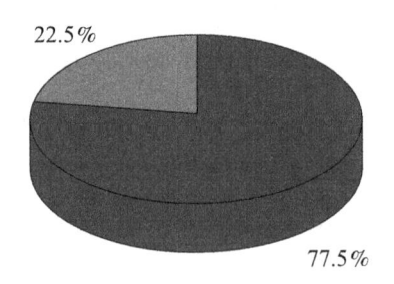

图 3-3 民族地区上市公司男性与女性企业家比例

第二节　民族地区企业家成长的环境分析

企业家的成长受到环境的影响。国家和地方政府重视营造企业家健康成长的环境，以更好地发挥企业家的作用。2017年9月，中共中央和国务院发布了《关于营造企业家健康成长环境弘扬优秀企业家精神更好发挥企业家作用的意见》(以下简称《意见》)。《意见》中指出要营造依法保护企业家合法权益的法治环境、营造促进企业家公平竞争诚信经营的市场环境、营造尊重和激励企业家干事创业的社会氛围等[1]。民族地区具有特殊的自然地理环境与资源环境，使得少数民族企业家成长具有明显的地域性。民族地区企业家的成长主要受到地理环境、文化环境、市场环境、制度环境等的影响。

一、地理环境

地理环境包括的范围十分广泛，广义上讲包括了一个社会所处的地理位置以及与之相关的各种自然条件的总和，具体包括了气候、土地、河流、湖泊、山脉、矿藏以及动植物资源等。地理环境指的是人类社会赖以生存和发展必须的、经常的物质条件，它是人们进行活动的地方，为社会的物质生活提供了必须的物质和能源，地理环境条件的好坏可以加快或延缓社会的发展[2]。

广西地处我国华南地区，与广东、贵州、云南、湖南相邻，并与海南隔海相望，面向东南亚、南濒北部湾，西南与越南毗邻。广西属亚热带季

---

[1] 中共中央 国务院关于营造企业家健康成长环境弘扬优秀企业家精神更好发挥企业家作用的意见_最新政策_中国政府网[EB/OL].

[2] 地理环境_360百科[EB/OL].

风气候，年平均气温为 16.5℃ ~ 23.1℃，全区大部分地区气候温暖，热量丰富，雨水丰沛，干湿分明，季节变化不明显，日照适中，冬短夏长。广西矿产资源丰富，是我国有色金属的重点产区之一。广西拥有较长的大陆海岸线，具有沿海地区天然优良港口的条件，且海洋资源较为丰富。

新疆位于西北边陲，是我国陆地面积最大的省级行政区。新疆地处亚欧大陆腹地，与周边的俄罗斯、吉尔吉斯斯坦、巴基斯坦、哈萨克斯坦、塔吉克斯坦、阿富汗、印度、蒙古国等八国接壤。新疆内北部为阿尔泰山、南部为昆仑山系，天山横亘于新疆中部，把新疆分为南北两半，南部是塔里木盆地，北部是准噶尔盆地，被称为"三山夹二盆"。新疆属于温带大陆性气候，温差较大，日照充足，降水量少，气候干燥。新疆自然资源十分丰富，拥有500多条河流，土地适合种植小麦、棉花、瓜果等多种作物，森林矿产资源也十分丰富，矿产种类全、储量大，尤其是煤炭、石油、天然气等资源蕴藏丰富。

西藏位于我国青藏高原西南部，国内与新疆、四川、青海、云南相邻，国外与缅甸、印度、不丹、尼泊尔等国家毗邻，是我国西南边陲的重要门户。西藏位于青藏高原的西部和南部，占青藏高原面积的一半以上，属于高海拔地区，由于地形、地貌和大气环流的影响，气候复杂多样，总体上具有西北严寒干燥、东南温暖湿润的特点，自东南向西北依次有：热带、亚热带、高原温带、高原亚寒带、高原寒带等各种气候类型。西藏水资源丰富，区内湖泊众多，也是中国河流最多的省区之一。西藏还拥有丰富的森林、动植物和矿产资源，其中铬、铜、锂矿资源储量居全国第一。

内蒙古位于我国北部边疆，横跨东北、华北、西北地区，与国内的黑龙江、辽宁、吉林、山西、河北、宁夏、陕西、甘肃八省区接邻，与国外的蒙古国和俄罗斯接壤。内蒙古处于纬度较高的地区，地貌以高原为主，大部分地区海拔在1000米以上，气候以温带大陆性季风气候为主。内蒙古资源储量丰富，有"东林西矿、南农北牧"之称，草原、森林和人均耕地面积居全国第一，稀土金属储量居世界首位，同时也是中国最大的草原牧区[1]。

宁夏位于我国西部的黄河上游地区，与陕西、内蒙古、甘肃相邻。宁夏属典型的大陆性半湿润半干旱气候，具有山脉、高原、平原、丘陵、河谷等类型多样的地貌。宁夏的自然资源相比其他自治区较差，尤其是水资源贫乏，但石膏矿储量居全国第一。

贵州位于中国西南的中心地带，与重庆、四川、湖南、云南、广西等相邻，是我国西南地区的一个重要运输中心。贵州的地形西高东低，平均海拔在1100米左右。地貌大致可以分为四种基本类型：高原、山地、丘陵和盆地，其中92.5%的区域为山地和丘陵，俗话说"八山一水一分田"。贵州是国内唯一一个没有平原支撑的省份。贵州属于亚热带潮湿的季风气候，四季分明、春暖花开、雨量充沛、雨热同期，具有明显的温热特征。贵州拥有大量的矿藏，是世界闻名的矿业地区。贵州目前已经发现的矿物有110余种，其中已经探明储量的有76种，各种类型的矿产保有储量位居国内前茅，排名首位的有汞、重晶石、化肥用砂岩、冶金用砂岩、饰面用辉绿岩、砖瓦用砂岩等，排名第二的有磷、铝土矿、稀土等，其次是镁、锰、镓等元素。此外，贵州还有煤、锑、金、黄铁矿等矿产资源。贵州拥有丰富和优质的煤矿，被誉为"江南煤海"，同时拥有世界约1/3的重晶石和全国第十二的黄金矿储备量，已成为中国新兴的黄金产地[2]。

云南位于我国西南边陲，东面是广西和贵州，北面是四川，西北面是西藏。云南与3个国家接壤：西面是缅甸，南面是老挝，东南方是越南。云南省气候有北热带、南亚热带、中亚热带、北亚热带、暖温带、中温带和高原气候区等7个温度带气候类型。云南气候兼具低纬气候、季风气候、山原气候的特点，主要表现为：气候的区域差异和垂直变化；年温差小，

---

[1] 内蒙古（中华人民共和国自治区）_360百科[EB/OL].
[2] 贵州省_百度百科[EB/OL].

日温差大；降水充沛，干湿分明，分布不均。云南省素有"动物王国""有色金属王国""植物王国"的美誉。全国162种自然矿产中云南就有148种，其中铜矿、锡矿等有色金属矿产产量居全国前列[①]。

青海位于我国西部地区，与甘肃、四川、西藏、新疆接壤。青海平均海拔4000米以上，属于高原大陆性气候，具有昼夜温差大、气温低、日照长、降雨少而集中、太阳辐射强等特点。青海具有丰富的自然资源，水能资源、光能资源、风能资源、化石能源，盐湖类矿产资源储量丰富。

民族地区的地理环境决定了其经济生产方式，影响其地区内各民族的心理，也影响民族地区的文化形态，并制约着民族文化的走向和未来发展。因此，民族地区的地理环境影响和制约民族地区企业家的成长和发展，同时也造就民族地区企业家的地域创业精神，并成为其成长的基础。

二、文化环境

文化环境是指包括影响一个社会的基本价值、观念、偏好和行为的风俗习惯和其他因素。不同的民族地区基于不同的自然地理环境、经济环境和社会环境形成了不同的文化环境。广西是一个多民族聚居的自治区，世居民族有壮、汉、瑶、苗、侗、仫佬、毛南、回、京、彝、水、仡佬等12个，另有满、蒙古、朝鲜、白、藏、黎、土家等44个其他民族。其中除回族使用汉语外，其他民族均有本民族的语言，不同的语言形成了具有不同民族特色的文化。

文化环境对企业家的生成和成长具有重要的影响。文化环境是民族地区企业家生成的基础。文化环境为民族地区企业家生成提供文化条件、智力支持和精神动力，为民族地区企业家生成提供导向、约束和社会支撑力。文化环境不仅是民族地区企业家生存的客观环境，同时也是民族地区企业

---

① 云南省_360百科[EB/OL].

家生存发展的一种手段和方式[①]。

三、市场环境

我国已经建立了社会主义市场经济体制，并形成了较为完善的商品市场。由市场决定资源配置是市场经济的一般规律。良好的市场环境对经济发展和企业家的成长至关重要。为此，各民族地区十分重视为企业和企业家的发展营造良好的市场环境。

2018年6月，广西壮族自治区人民政府办公厅发布了《关于印发广西优化市场环境若干措施的通知》(桂政办发〔2018〕49号)，其中包括完善企业信用激励机制、推行"阳光执法"、强化信用监管、促进公平竞争、优化商标品牌发展环境、完善商标品牌保护制度、规范广告市场秩序、营造规范便利经营环境、开展"放心消费"创建示范、建立完善市场经营活动"包容机制"等十条措施[②]。

2022年6月，广西壮族自治区人民政府办公厅发布了《关于印发2022年广西优化营商环境行动方案的通知》(桂政办发〔2022〕40号)，为贯彻落实党中央、国务院关于深化"放管服"改革优化营商环境的决策部署，坚持不懈推进新一轮营商环境改革，打造办事效率高、开放程度高、法治保障高、宜商宜业宜成的一流营商环境，进一步提升市场化法治化国际化水平，力争更多指标进入全国前列，努力实现"争创一流"目标，特制定本行动方案。本行动方案具体包括着力打造公平竞争的市场环境、着力打造便捷高效的政务环境、着力打造自主便利的投资环境、着力打造开放包容的涉外环境、着力打造更具活力的创新环境、着力打造公平审慎的监管环境、着力打造优质普惠的企业全生命周期服务、着力打造科学规范的法

---

① 罗莲.论企业家生成与文化环境[J].中外企业家,2005(02):50-55.
② 广西壮族自治区人民政府办公厅关于印发广西优化市场环境若干措施的通知 – 广西新闻网[EB/OL].

治环境等八项内容，并附有2022年广西优化营商环境行动方案任务清单，清单中包括指标名称、目标、具体任务、完成时限、牵头单位和配合单位等信息[①]。

2021年7月28日，新疆维吾尔自治区第十三届人民政府第130次常务会议通过《新疆维吾尔自治区实施〈优化营商环境条例〉办法》（2021年8月12日自治区人民政府令第222号公布）（以下简称《办法》），自2021年10月1日起施行。《办法》共5章54条，从市场环境、政务环境、法治环境多方面、多角度、多层次地对优化营商环境的诸多问题做出了具体的规定[②]。2022年3月，新疆乌鲁木齐市制定出台了《2022年优化营商环境87项措施》。2022年7月，西藏自治区人民政府发布了《2022年优化营商环境行动方案》。2022年2月，内蒙古自治区人民政府发布了《关于印发自治区以更优营商环境服务市场主体行动方案的通知》（内政发〔2022〕4号）。2022年4月，宁夏回族自治区人民政府办公厅发布了《关于印发2022年全区持续优化营商环境工作要点的通知》（宁政办发〔2022〕25号）。

四、制度环境

我国实行的是以公有制为主体、多种所有制经济共同发展；以按劳分配为主体、多种分配方式并存的社会主义市场经济体制等社会主义基本经济制度。坚持和完善社会主义基本经济制度，为新旧动能转换和高质量发

[①] 广西壮族自治区人民政府办公厅关于印发2022年广西优化营商环境行动方案的通知（桂政办发〔2022〕40号）- 2022年桂政办文件 - 广西壮族自治区人民政府门户网站 [EB/OL].

[②] 《新疆维吾尔自治区实施〈优化营商环境条例〉办法》解读_政策解读_新疆维吾尔自治区人民政府网 [EB/OL].

展创造了更为有利的制度环境[①]。2017年9月,中共中央、国务院发布了《关于营造企业家健康成长环境弘扬优秀企业家精神更好发挥企业家作用的意见》(以下简称《意见》),《意见》中指出要营造依法保护企业家合法权益的法治环境,依法保护企业家财产权、依法保护企业家创新权益、依法保护企业家自主经营权[②]。

在此基础上,各民族地区人民政府为了更好地发挥企业家在经济社会发展中的作用,积极营造依法保护企业家合法权益的法治环境,先后出台了为创业者创造一个良好的成长环境,发扬优良的创业精神,更好地发挥创业者的作用的相关文件。这是有利于少数民族地区创业发展的制度性保证。

第三节 民族地区企业家成长存在的问题分析

进入21世纪以来,随着我国改革开放的持续深入和加入WTO,给民族地区企业家的成长和发展带来了新的挑战和机遇。《企业家精神与事业传承:现状、影响因素及建议——2020·中国企业家成长与发展专题调查报告》中指出企业家期望从政府层面,进一步改善企业营商环境,努力提高政府效率,减少不必要的干预,加强产权保护;从产业层面,贯彻创新驱动发展战略,积极促进经济转型,加速企业传承[③]。民族地区具有特殊的地理环境和自然环境,使得少数民族企业家成长具有明显的地域性。从总

---

① 为高质量发展创造更为有利的制度环境-中国报道网[EB/OL].
② 中共中央 国务院关于营造企业家健康成长环境弘扬优秀企业家精神更好发挥企业家作用的意见_最新政策_中国政府网[EB/OL].
③ 李兰,仲为国,彭泗清,等.企业家精神与事业传承:现状、影响因素及建议——2020·中国企业家成长与发展专题调查报告[J].南开管理评论,2021,24(01):213-226.

体上看，民族地区的大部分企业家属于"半路出家"，企业家的数量占比比东部省份企业家的数量占比明显偏少，大部分民族地区企业家在创业初期盲目追求利润最大化导致企业经营出现问题，部分民族地区企业家缺乏现代管理理论指导企业经营和缺乏创新精神。结合民族地区企业家成长的现状和成长环境分析，民族地区企业家成长存在的问题主要表现在以下四个方面。

一、经济环境需改善

经济环境作为民族地区企业家成长的重要影响因素。这主要体现在两个方面：一方面是经济环境对企业家创业意愿及机会的诱导与发现；另一个方面是经济环境对企业家创业实现及其企业发展应当提供的资源的保证。经济环境包括产业结构、金融市场和人力资源市场。

（一）产业结构

产业结构是指国民经济各个部门之间和各个产业部门内部的组织与构成的情况，以及它们之间存在的相互联结、相互制约和互为条件的关系。也就是指各个产业部门质的组合和量的比例。我国少数民族地区的产业结构目前还属于经济技术水平较低层次的产业结构，表现为地区经济以经营粗放的传统农牧业为主，第二产业与第三产业均较落后；各产业的发育与技术改造、创新缓慢。

其产业结构有以下特点。一是大中城市产业结构高度重型化，农村产业结构高度单一化。少数民族地区自然资源丰富，国家长期投资开发，在这种资源导向下建立起来的大中城市的产业结构必然表现为重工业比重大于轻工业比重，加工工业相对落后，设备多为"外输入"，轻工业设备、技术力量不足，加工方式落后，加工深度有限，缺乏优势行业和重点行业。民族地区广大的农村、牧区产业结构存在单一性、封闭性的特点，如产业组合和层次分布的封闭性，产业组合和层次分布的逆向性（即产业组合和层次分布与自然环境、经济规律和社会发展的客观要求相背离。产业结构不利于自然资源的充分合理利用，经济效益偏低，不能适应市场变化和人民生活改善的需要），产业组合和层次分布的单一性（少数民族地区农村第一产业占70%以上，第二、三产业比重极小，而且第一产业与其他产业之间缺乏协调）。

二是主导产业的远辐射作用过强。民族地区城镇的主导产业大多为远辐射部门。这种部门过多或实力过强，必然造成区域内各产业关联度低，内部配套能力差，协作水平低，缺乏经济内在的生机和活力，自我发展能力差；同时，主导产业生产过程游离于民族地区社会再生产过程之外，具有明显的"体外循环"特征，不能发挥带动其他产业发展的作用。特别是设在小城镇中的以开发资源为目的的大中型企业，从生产工具的供应到产品的销售，从生产到生活，几乎完全与当地经济脱离，形成一种完全封闭的工业社区。

三是交通运输及第三产业较落后，不能适应少数民族地区经济发展的需要。目前，少数民族地区第三产业发展较慢，低于全国平均水平。其具体表现在：没有形成较完善的交通运输网，商业与服务业网点布局不合理，邮电、通信、科研、金融、旅游等产业不发达。建立合理的产业结构是少数民族地区保持国民经济持续、稳定、协调发展的要求，是提高经济效益、满足各民族人民日益增长的物质文化生活需要的要求，同时，也是巩固祖国统一、加强民族团结、实现社会主义现代化和各民族共同繁荣的要求。

（二）金融市场

随着我国经济社会的发展，少数民族地区的金融市场得到了快速的发展，已经形成了相当的规模，并在该地区的经济发展中占有很大的比重。

随着国家对民族地区加大投资，我国的金融市场得到了进一步的发展，市场结构也得到了进一步的优化，但仍存在着民族地区金融机构数量少、规模小、金融产品单一等问题。由于金融市场的结构存在着一些问题，这些问题会对民族地区资本配置效率的提升产生一定的阻碍作用，从而对民族地区金融市场的结构和规模的发展产生一定的影响[①]。

（三）人力资源市场

人力资源即劳动力资源。2019年，民族八省区劳动力资源禀赋较高，全社会就业人数之和达11349.98万人。其中，云南省的全社会就业人数最高，达到了2990.38万人，排名第一；其次是广西壮族自治区，达到了2853.2万人；贵州省全社会就业人数为2049.4万人，排名第三；内蒙古自治区和新疆维吾尔自治区紧随其后，分别为1330.98万人和1330.12万人；接下来是青海省和宁夏回族自治区；最后是西藏自治区，仅有80.4万人，这与西藏自治区本身人口基数小有关。综上所述，民族八省区劳动力资源较为丰富。结合人口基数因素，计算了全社会从业人数占总人口比重，结果显示，云南省的数值最高，为63.44%，而西藏自治区仅为22.27%[②]，这说明民族八省区人口中有很大一部分人为非社会从业者，未进入经济社会发展的助推者队伍，造成了极大的劳动力资源浪费。

二、缺乏有效的企业家市场

民族地区的创业者要想快速发展，就必须有一个流动性好、选择性好、对等性好、匹配度高的创业市场。对创业者而言，人力资本是一种重要的经济资源，是能够影响其他各种资源的有效利用的基础。因此，对其进行有效利用，就成为开发其他各种资源有效利用的关键。为此，我们需要构

---

① 翟华云.金融市场与民族地区资本配置效率相关性研究[J].财会通讯,2011(14):40-41.
② 冯滢滢.民族地区经济社会发展态势研究[D].北京：中央民族大学,2022.

建一个创业型人才的市场。创业者可以在不同企业之间自由流转,投资人可以在创业者的人力资本市场中寻找创业者资源,创业者可以在这个市场中找到最适合他们的工作岗位。企业家人力资本根据市场经济的规律来实现企业家合理的流动,并进行密切的协调,把企业家的人力资本交易作为目标,遵守市场交易原则、市场组织原则、市场行为规则,对企业管理者进行选拔、培养、吸纳或淘汰,为企业家们自主择业、施展才华创造出一个良好的通道和环境,从而达到合理地分配企业家人力资源的目的[1]。

在民族地区,企业家人力资源短缺与浪费共存。由于民族地区市场经济环境不完善,无法引进企业所需要的优秀企业家人才,还存在现有的企业家人才无法留住的问题,造成在少数民族地区发展中缺乏人才的现象。除此之外,因为民族地区的一些企业家本身的文化和管理素养较低,所以他们未能对企业自身的人力资源进行科学、合理的配置,优秀的人力资源被闲置,造成了企业人力资源的浪费。在民族地区,由于人力资源的流动程度较低,造成了企业中的人才工作积极性不足,他们在工作中表现得比较被动,不能将自己的工作热情完全发挥出来,这对于企业和企业家的发展有点不利。

三、保护企业家合法权益的制度不健全

民族地区的经济发展水平相对于国内其他地区较落后,部分企业受到接收市场信息不畅通、市场把控能力有限、市场制度不健全等因素的影响,外地投资者对当地民族文化、宗教信仰等方面缺乏足够了解,以至于在一些民族地区有些企业管理者利用职务之便谋取私利等。这些现象都与市场经济体制不健全和法治建设不够完善有关,这些问题都会对民族地区的经济发展和企业家的成长产生影响,甚至阻碍社会的稳定、和谐化进程。在

---

[1] 关培兰.影响企业家人力资本市场有效性的理论评介[J].武汉大学学报(社会科学版),2001(02):210-217.

市场经济条件下，由于缺乏法律法规和相关政策支持，未能对企业家合法权益提供有力保障，许多企业家会受多方面因素限制而不能完全融入市场大环境。

民族地区在国家"大众创新、万众创业"的号召下，新增企业数量逐年增多，但也出现了由于企业家的合法权益保护不到位而引发的矛盾增多的问题，主要表现在：行政管理中存在侵害企业家利益的现象、中小企业贷款融资难、企业家自身缺乏管理意识和产权观念、企业家的合法权益难以得到及时保护等。虽然目前我国已经颁布了一系列有关维护和规范市场秩序、打击违法犯罪行为等方面的法律法规，但在实际生活中还存在如下问题：一是没有形成有效、合理、完善的管理机制；二是行政执法力度不够大；三是民族地区经济发展缺乏相应配套政策支持，以及相关法律援助体系不健全。这些问题都会导致民族地区企业家合法权益得不到应有保障，从而影响民族地区经济的可持续发展。

总之，在民族地区经济社会发展的过程中，只有不断完善和健全法律法规体系才能保障民族地区企业家在合法权益受到侵害时可以及时有效地采取措施。维护民族地区企业家的合法权益，是促进其健康稳定成长的重要保障，进而充分发挥民族地区企业家的作用，促进民族地区经济社会健康发展。

四、企业家精神缺位

企业家精神是企业家所具有的一系列素质的组合，包括特质和能力在内的一切素质。企业家精神的目标是在动态的社会发展中逐步丰富自己，提升创业者人力资本的价值，最终形成自己的竞争优势；同时，企业家精神也鼓励企业家不要放弃成长的欲望，并在专业实践过程中促进自我学习、自我完善和自我发展。

企业家精神作为一种精神力量，是企业家无形的精神动力，对新时代社会发展起着至关重要的作用，对促进民族地区企业家成长具有不可替代的作用。当前，民族地区企业家精神缺位主要表现为以下四个方面。

（一）民族地区企业家创新意识较为淡薄

在很长一段时间里，民族地区的企业家和企业为了高速发展，不是通过技术创新、组织创新、管理创新等来建立竞争优势，而是模仿西方，买技术、买人员、买设备，很少培养自己的人才，很少自主创新。从长远来看，这会对企业造成很大危害，缺乏创新意识会阻碍企业和社会的发展。

（二）民族地区企业家合作意识较为缺乏

民族地区有许多企业家还没有树立互利共赢、共同进步的理念，不愿意与他人合作，认为与他人合作会与他人分享自己的既得利益，或者在与他人合作时总是保持警惕，总觉得合作会被欺骗、会损害自己的利益。民族地区企业家应正确认识互利合作的重要性，通过合作既可拓展企业发展空间，通过合作还可应对复杂的经济和市场形势、避免恶性竞争、形成良性互补，进而取得更大进步。

（三）民族地区企业家责任意识较为缺乏

责任意识既包括企业管理人员对企业的责任意识，又包括个人及企业对社会的责任意识。民族地区有些企业家不关心企业内部员工的工作和生活；有些企业在社会性事务上也缺乏责任感，给当地营商环境带来了不良的影响。

（四）民族地区企业家诚信意识较为缺乏

诚信是维护民族地区经济发展的重要基石，对于民族地区的企业发展具有重要意义。产品质量差、劳资纠纷、财务不透明、公司治理薄弱、债务纠纷、不严格履行合同等原因都会造成民族地区部分企业信用缺失，影响企业的社会信誉、制约企业和企业家的发展。造成民族地区企业失信的原因是多方面的：有企业自身的责任，也有企业所处的外部环境的影响；有民族地区政策法规缺位、市场监管不到位、社会环境影响等外部原因，也有民族地区企业发展基础较差、企业管理者水平低、企业竞争力弱等内部原因。因此，民族地区需要构建符合现代企业文化的企业诚信体系，在企业内部建立诚信的企业文化；政府应为企业提供政策性扶持，为企业创造一个良好的营商环境。

第四章 民族地区企业家成长影响因素分析

第一节　内在因素分析

民族地区企业家的成长是一个受内外因素影响的动态系统，内因是变化的原因，外因通过作用于内因而影响其成长。唯物辩证法认为，内外因素相互作用，共同推动成长。因此，在民族地区企业家的成长过程中，内在因素起着更为重要的作用。

在探究企业家素质时，戴维·麦克利兰（McClelland，1973）发现，成功的企业家通常具有强烈的成就欲望，并且有勇气挑战自我，重视个人贡献，并且拥有创新精神。人们通常抱有高度的成就动机，并且有着较高的需求层次。熊彼特（1934）强调，在企业家的精神中，创新和创造力的发挥起着极其重要的作用，甚至可以说是不可或缺的。高希均（2000）指出，企业家的精神应该体现出四个重要的品质：创新思维、勇气、果断的投资决策和勇于冒险的勇气；汪丁丁（2000）认为，企业家的精神可以归纳为熊彼特的创造力、韦伯的专注和诺斯的协作[1]。

马歇尔（1890）指出，企业家作为市场与组织的桥梁，拥有极强的洞察力，可以在复杂的环境中发现潜藏的商机、收集资源、构建自己的组织。卡森（1982）指出，一个成功的企业家必须具备承担风险的能力，掌握市场运作的知识、技术、营销和管理技巧，以及拥有良好的团队协作精神。奈特（1921）强调，企业家需要拥有敏锐的观察力、坚定的自尊心，并且有能力去面对未知的挑战，这是一种非常重要的精神。此外，郝苗苗（2006）从异质型人力资本的角度出发，认为企业家必须具备持续学习的能力，这是他们成长的唯一机会。

根据多位学者的研究成果，戴玲（2005）将企业家的人力资本分为知识性和精神性两个方面。企业家的知识性人力资本是指他们掌握的专业技

---

[1] 熊剑湘. 企业家成长影响因素综述[J]. 北方经济, 2012(Z1):90–92.

能，而精神性人力资本则是指他们拥有的独特的思维方式、价值观及行为准则，这些都是非知识性的。除此之外，王安全等（2002）还提出了五种关于企业家发展的个人特质以及三种关于其能力的重要观点。个人特质包括自我实现能力、独立性、成就感、冒险精神以及从失败中吸取教训的能力，而能力特质则体现在对不确定环境的适应能力、把握机遇的能力、掌握多学科知识的能力以及跨部门协作的能力。

一、人力资本因素

企业家人力资本是指企业在经营管理中所拥有的人力资源，它包括企业家的素质、能力和精神三个方面。企业家人力资本是企业成功的重要因素之一。

（一）企业家素质

企业家素质是一个综合性的概念，该概念对企业家的战略管理能力进行了全面的评估。企业家的素质是指企业家在企业和社会活动中表现出来的能力和品德，包括智力、知识、身体和经验等方面。这些素质可以通过企业家实际工作中的行为来体现，如品德修养、能力、管理和政治素质；企业家不仅仅是一种职业，更是一种素养。企业家的素养不是一夜之间就能获得的，需要通过培养、学习和实践来获得。

具备良好素质的企业家具有以下特点。一是能够胜任企业管理岗位、创造效益、对信息进行处理和分析。二是具有自己独特的见解并且能很好地表达出来，能够及时察觉问题并做出调整，具有良好的沟通与交流技巧来应对环境变化所带来的影响。

（二）企业家能力

随着企业家理论的出现，如何培养出优秀的企业家成为学术界的热门话题。许多学者从各种不同的视角来研究企业家的能力。早期的经济学家，特别是萨伊和马歇尔（1890），极其重视企业家的财务管理技巧，以及融资策略；奈特和彭罗斯（2007）强调了企业家的行业洞察力以及有效地影响并劝导他人的重要性。熊彼特（1934）认为企业家的创新技能至关重要，钱德勒（1962）则特别强调企业家在创建和管理大型组织方面的能力。其他学者，例如，大前研一和德鲁克则主张企业家应该具备战略决策和有效的用人能力。根据美国企业管理协会的最新调查结果，高管的概念技能所占的比例达到了47%，人文技能达到了35%，技术技能则仅为18%。许多学者都在探讨企业家应具备的能力，蒋伏利（1997）提出了五种重要的能力：决策力、创新思维、应变能力、组织指挥能力以及社交技巧。

（三）企业家精神

国内外学者早已研究了企业家精神的作用。马歇尔认为，企业家的精神是一种独特的心理品质，它体现为果敢、聪明、小心、坚忍、勇气和进取心，同时也渴求获得超越。奈特（1921）指出，企业家精神可以帮助企业家在不可预测的情况下，做出最具创新性、最高效率的行动，并且承担最大的风险。他指出，真正激励和发挥企业家精神的动力是自由企业制度。企业家精神在熊彼特的经济发展理论中扮演着至关重要的角色，它是推动经济增长的重要力量。熊彼特（1934）指出，"经济首创精神"是企业家精神的核心，它要求企业家具备创新精神，拥有强大的创造力和坚定的意志力，以此为基础，建立以家族为中心的私人企业王国。国内学者则从中国传统文化的角度探讨了企业家的精神特点。严文（1997）认为，想要成为企业家，需要具备极强的进取心、魄力、自信以及持之以恒的毅力和决心，并且还要具备自我节制的能力以及自知之明。

1. 企业家精神的形成因素

（1）客观环境影响

第一，社会背景在不断变化。随着社会的进步和发展，企业家精神在不断演变和完善，以适应时代的需求。随着改革开放的深入推进，政府坚持把经济建设作为核心，鼓励企业家勇于挑战、勇于创新、乐于奉献，从而推动社会的进步。进入互联网时代，科学技术成为第一生产力，人们的生产和生活方式不断变化，同时创新、诚信与工匠精神再次成为企业家应具备的主要素质。

第二，地域文化差异显著。传统观念认为，一个地方的水土是养育一个人的基础。因此，地域文化的差异将会深刻影响当地企业家的思维和行为。例如，徽商注重崇尚文化和品德，粤商强调勇于领先，浙商则推崇合作共赢等价值观等。

第三，社会体制的变迁。不同的政治和经济体制可能会对企业家的精神产生重大影响。随着计划经济的发展，对企业家精神的追求也受到了一定的限制。在市场经济时代，企业家精神被赋予了重要的意义，为企业发展提供了良好的环境，促进了企业家精神的发展和成长。

第四，不同的发展领域具有较大的差异。传统企业与新兴企业之间，在知识积累、技术创新以及管理能力的培养上，有着显著的不同。不同的产品类型和目标市场为企业家们提供了多样化的发展机会，使他们能够在各自的行业中取得成功。

（2）企业自身原因

一方面，企业的规模可能会对企业家的精神产生重大影响。特大型和大型企业在市场上承担着更高的风险，这就要求企业家拥有更强的团队协作能力以及提供更优质的客户服务；小型企业处在激烈的市场竞争环境中，迫切希望能够抢占先机，因此企业家应该以勇气、毅力和创造力为核心，以求取成功。

另一方面，组织类型也是影响企业家精神的因素之一。企业可以根据其所属的商业组织形式进行分类，包括国有企业、民营企业、三资企业和私营企业等多种类型。通过与政府和其他机构合作，国有企业的风险通常比较低；民营、三资、私营企业应当拥有更强的抗风险能力，并且拥有敏锐的风险认知，以确保其安全运行。

2. 企业家精神对企业家成长的影响

党的十九大报告中强调，中国仍将面对"发展不平衡不充分"所带来的严峻考验。一个显著的问题是，地区经济发展存在着严重的不均衡性和不足。实现高质量的经济增长，必须依靠提升各种要素的生产效率，而各个地域的经济发展水平之间的差距，正是由这些要素的表现所决定的。企业家在这个过程中发挥了至关重要的作用。随着时代的变迁，企业家的精神也发生了巨大的变化，这种变化使得不同的地域拥有了截然不同的全要素生产率。尽管民族地区已经取得了一定的进展，但在培养和弘扬企业家精神，尤其是唤醒和维护这种精神上，还有许多改进空间，而这些改进将会对企业家的预期产生重大影响。

为了实现民族地区的高质量发展，我们应该从"后发劣势"中汲取智慧，努力追赶并超越其他发达地区，以此来推动经济和社会的可持续发展。为了让企业家在当今竞争中取得成功，我们必须努力建立一个有利于他们的发展环境，同时也要培养他们的责任感、勇气和创新能力，以适应当今社会的变化。

为了解决制约企业家精神发挥的突出问题，民族地区建立了容错纠错机制。基于法律，我们对历史上形成的产权案件进行了细致的审查和修订，确定了损害赔偿金额，并完善了证据规则、披露机制以及举证障碍制度，以确保公正、公平的司法裁决。除此之外，我们还应该努力在法治环境、市场和社会氛围等方面采取有效措施，以促进企业家精神的传承和发挥。

二、个体因素

（一）个性层面影响因素

1. 成就动机

动机是一种心理驱动力，促使人们追求特定目标以满足内在需求。对于企业家来说，职业动机具有至关重要的作用，它可以决定企业家是否愿意从事企业活动，是否对创业充满热情并坚持不懈，是否会为事业不懈努力并追求梦想。成就动机能够激发人们的成就感，增强他们的奋斗精神。戴维·麦克利兰的成就需求理论是他对成就动机方面研究所做的贡献之一。他认为企业家与成功人士通常具备强烈的成就感，这也是其显著特质之一。他们不断努力改善工作效率，并通过克服各种困难和解决问题来追求成功。而一旦取得成功，高成就动机者往往也追求个人的成就感。一个人的成就动机程度与其表现出的事业心、进取心具有密切联系。拥有高成就动机的个体倾向于将所从事的工作看作自己生命中至关重要的一件事情，每一次成功都将成为其前进的最大动力。

与此同时，他们也有着强烈的责任心和目标导向，他们不断提升自己并对社会做出贡献。在这个过程中，高成就动机者长期面临困难挑战，需要找到方法克服遇到的问题和创新思路。反复解决多样化的问题让他们变得更加成熟和自信；在经历失败后，实践和反思让他们越发坚韧不拔和勇敢。总的来说，成就动机是一种重要的个性特征，对于一个个体在工作中的表现起着决定性的作用。具有高成就动机的企业家和成功人士需要克服各种困难、不断提升自己以及迎接风险挑战，才能成为为社会与人类带来积极变化的领袖和先锋。

列宁强调，人类的意识不仅可以反映客观现实，而且还能够改变和创造客观现实。据列宁所说，意识是推动行动的核心力量，其影响力不可忽视。在个人成长的过程中，自我意识至关重要。"这是因为自我意识让我们不仅能够理解自己与外部世界的联系，还可以将我们的发展视为认知和实践的目标，从而建构我们自己独特的内在世界。只有达到这种水平，人们才能真正成为自己发展道路上的主导者，并全面掌握自己生命的轨迹。[①]" 研

---

① 叶澜,白益民,王枬等.教师角色与教师发展新探[M].北京:教育科学出版社,2001.

究表明，自我意识和一个人的创造力密切相关。拥有强烈自我意识的人更容易激发其创造潜力，他们会以积极主动的方式去完成任务，并尝试不同的方法来达到目标。相反，缺乏自我意识的人可能缺乏主动性，对生活及其生命状态过于被动，难以通过创造性的方式去应对生活中的挑战。

2. 自我效能感

在美国心理学家班杜拉提出的社会学习理论中，自我效能感是一个核心概念。根据他的理论，人们的思想和信念对行为产生着至关重要的决定性作用。在这些信念中，他着重强调了自我效能感对个体行为的影响。自我效能感是个人对自己从事某项业务或工作的能力的自我评价。在社会学习理论中，班杜拉对自我效能感的定义是"人们对自身能否利用所拥有的技能去完成某项工作行为的自信程度"，也就是个体对自己能力的自我评价。根据他的社会认知理论，自我效能感对个体的行为表现产生了直接影响。个体自我效能感强时通常会设立高目标并保持高承诺，即便面临困难、挑战等种种逆境，也从不轻言放弃，因此，充满动力、展示高绩效。强烈的自我效能感同时也是企业家成功的一个重要特质。自我效能感强的人深信自己具备能够解决面临的任何新问题和挑战的能力，充满探索新事物并克服新困难的热情。

3. 独立性

独立性是一种重要的思维能力，它指的是在思考和决策的过程中，个体不受传统框架、权威和外界压力的影响，坚持实事求是、遵循真理的原则。独立性不同于孤立、封闭或刻意标新立异，而是一种具有创造性、灵活性、新颖性、艺术性和潜在性的思维方式。对于企业家来说，独立性是非常重要的个性特征之一，因为它能够帮助企业家在创造性思维和创新中表现出独特的特色。创造性思维是企业家成功的关键之一，而独立性则是创造性思维的基础和前提。只有具备独立性的企业家，才能够实现进取和创新，从而在商业竞争中获得成功。

4. 冒险精神

冒险精神是企业家必备的重要品质之一，在当前的知识经济时代尤为重要。高新技术投资具有较高的回报率，但同时也伴随着较高的风险。从技术研发到市场推广，需要大量的资金和时间，且市场需求难以准确预测。此外，当前科技更新换代的速度越来越快，企业投资面临着越来越大的风险。据统计，美国高新技术企业成功率仅为15%~20%，而能够成功维持5年以上的企业也仅占到30%。因此，企业家应该具备较强的风险意识和冒险精神，敢于追逐机遇并承担风险。成功企业家往往具备果断决策能力和创新精神，这是企业家精神的重要体现。企业家的职责是开拓业务、寻找新的商机，并承担相应的风险。在面对市场挑战和竞争时，企业家应该具备敢于冒险的素质，敢于尝试新的商业模式和策略，以求在竞争中取得优势。同时，企业家也需要具备精准的市场洞察力和判断力，以便在决策时能够做出正确的选择。总的来说，勇气和创新能力是企业家取得成功的重要组成部分。企业家必须拥有果敢的决策能力、创造性的思考方式以及敢于冒险的精神，才能成为业务发展的领导者。这些素质使得企业家能够在竞争中获得优势。

在传统观点中，企业家经常被视作风险斗士。研究表明，总体而言，企业家被认为是具有适度高风险承担能力的操作者，他们借助在其他人之前采取行动获得成功机会的能力来实现成功（McClelland，1961、1965；McClelland 和 Winter，1969）。Sexton 和 Bowman（1983，1986）的实证研究同样表明，较高的风险承担是企业家的一个显著特征。Hull、Bosley 和 Udell（1980）的研究还发现，有意创业者比那些不想创建自己企业的人展示出更强的风险承担倾向。Chen Greene 和 Crick（1998）通过相关的研究观察到，地区的风险承担倾向与企业家数量之间存在着显著正相关关系。

还有些研究者提出了一些新的观点。Sexton 和 Bowman（1983）对同一所大学中企业家学生和普通学生进行了实证研究，发现普通学生群体和企业家学生群体在风险承担倾向方面没有明显差异。Schwe 和 Yucelt（1984）在相关研究中提出，风险承担倾向的变化很值得关注，因为它往往受到被调查者的动机、自我提高动机和达到目标等方面差异的影响。他们认为，风险承担倾向是一个根据情景和个体差异展现出来的个体变量，与成功的企业家精神无关。事实上，高风险行为的产生常常是由于那些非企业家只能看到潜在机会和商业情境，而企业家则更容易将其看作确定的机遇。因此，这些企业家通常比那些缺乏企业家精神的个体更愿意抓住这些机会。

另外，研究认为，"关系"是最常见的个体之间风险最小化的经验获取方式，这也是绝大多数中国人共有的社会习惯特征。因此，对于大多数中国人来说，风险承担只是一种微弱线索。从这个角度来看，相较于那些回避不确定性的人，那些愿意承担更多风险、面对不确定性的人更可能成为企业家。

5. 善于从失败中学习

在当今知识经济时代，企业家成功与否不仅取决于其创新与风险创业的能力，更重要的是是否善于学习并从失败中吸取经验教训。随着市场的竞争日益激烈，企业家必须具备敏锐的洞察力和灵活的应变能力，才能在激烈的市场竞争中处于优势地位。

然而，创新与风险创业本身具有风险性，失败是难以避免的。因此，企业家必须具备勇于承担风险的精神，同时也要有足够的耐心和毅力，不断地摸索和探索，才能在竞争中获得优势和胜利。在这个过程中，企业家必须怀有好学精神，不断学习有关经营管理、科技、社会学、心理学、经济学等相关学科的知识，以不断提升自身的综合素质和能力水平。此外，企业家还应懂得从成功和失败中吸取经验教训，总结经验，完善管理，不断优化经营模式和策略，以提升获得成功的机会。最为关键的是，企业家必须怀有谦虚的学习态度，不断开阔自己的视野，不断学习新知识，不断与人交流和沟通，不断扩大自己的人脉和资源，以便更好地应对市场的变化和挑战。

总之，企业家成功的关键在于善于学习和不断进取，不断提高自己的综合素质和能力水平，善于从成功和失败中吸取经验教训，不断改进自己的经营模式和策略，以便在市场竞争中立于不败之地。

（二）能力层面影响因素

1. 机会能力

Kirzner（1973）认为，市场上存在着众多机遇，并且市场本身就是一个发现这些机遇的过程。创业者必须具备识别获利机会的能力，无论是确定新需求还是满足现有需求的手段。他还发现，企业家的独特之处在于他们具备发现、识别和利用机遇，并从中获得利润的能力。在经营企业的过程中，鉴于存在交易成本和信息不对称等问题，企业家必须拥有敏锐的个性和寻找、利用机遇的能力以有效管理企业。要成为成功的企业家，必须具备发现和识别机会的能力。这种能力让企业家摆脱体制束缚，并提高对市场趋势的洞察和预测能力，从而使企业上升到更高的发展层次。在市场经济环境下，具有较强的机会能力对企业家的成长和发展非常重要。

2. 管理能力

彭罗斯（Penrose）是美国著名经济学家，她认为企业家通常具有自身敏锐的观察能力，能够识别外部环境，发掘企业的潜力，并挖掘未被充分利用的生产机会。相比之下，卡森则认为，在资源供给有限的情况下，企业家能够协调资源并做出最佳选择，同时还具备"创造市场"的能力。因此，管理是企业家的基本职责，也是企业家必不可少的基本能力之一。强大的管理能力可以显著提高企业的利益，主要体现在市场份额和利润率方面。通过实际应用，我们发现，强大的内在动机能够极大地提升企业的表现，而有效的管理则能够为企业的长远发展提供强大的支撑，从而使其能够取得更高的收益，增强其核心竞争力（Calantone、Garcia 和 Droge，2003）。

3. 承压能力

在全球化的背景下，市场竞争日益激烈，企业面临着高度不确定和不可预测的风险。那些能够成功地规避这些风险的企业将会拥有更大的发展空间，而那些在决策创新与承担风险方面出现失误的企业，则可能陷入经营困境。企业家需要具备一系列能力来应对高度不确定性和风险。创新和风险创业是企业发展的重要途径，但也是充满挑战和风险的。在这种情况下，企业家需要拥有足够的信心和应变能力来迎接各种挑战，并承担起作为企业象征和灵魂的重要职责。

心理素质的发展是企业家整体素质提高的核心。在创业之路上，企业家面临着各种问题和困难，特别是在民族地区，他们还面临着特殊的压力。只有具备坚忍的意志和良好的心理素质，才能在市场经济的浪潮中立于不败之地。适度的压力可以激发企业家进步和创造的动力，但过度的压力可能导致企业家产生焦虑、抑郁等负面情绪，影响企业的发展。因此，良好的心理素质有助于民族地区企业家克服挫折和困难，提高自我调节能力，保持积极、沉稳的心态，将压力转化为动力，实现企业的科学发展和自身的健康成长。

在实践中，企业家可以通过多种方式提高自己的心理素质。第一，他们需要保持积极的心态，尤其是在遇到困难和挫折时，不能轻易放弃。第二，他们需要具备适应能力，能够及时调整自己的思路和行动，适应市场的变化和需求。第三，他们需要具备决策能力和应变能力，能够在复杂的环境中迅速做出正确的决策，并及时应对各种风险和挑战。

4. 社交能力

社交能力即社交技巧，也被称为人际交往技巧，指的是人们使用特定工具和方式进行沟通和交流，以实现自身目标和社会意义的能力。由于中国市场的机制体制尚不完善、不成熟，使企业在发展过程中面临着巨大的不确定性和挑战。为了降低对关键资源的依赖、克服外部环境的不确定性以及市场机制的障碍，许多企业家选择通过社交能力来建立关系网络，从而获取资源和信息，并建立信任关系以降低交易成本。这些关系网络不仅可以帮助企业获取资源和信息，还可以提高企业的绩效和市场竞争力。通过建立良好的关系网络，企业家可以实现资源共享、信息传递、技术创新和市场拓展等目标，从而在市场竞争中占据优势地位。因此，企业家应该重视关系网络的建立和维护，不断扩充自己的社会资本，为企业的长期发展提供有力支持。Barney（2002）从社会关系资本的角度出发，指出企业家可以通过加强与相关方的互动，提高与相关方之间的相互了解程度，从而减少信息不对称的现象，同时提升企业自身的资源利用和决策能力，增强企业的竞争实力。

第二节　影响民族地区企业家成长的外在因素分析

一个企业家的形成和发展是社会选择的结果，这就需要一个被称为"企业家成长生态系统"的系统来锻炼、培养成熟的企业家[①]。中国正在努力构建一个具有中国特色的社会主义市场经济体制，以促进经济发展和社会进步。在社会主义市场经济体制中，公有制扮演着核心角色，并且具有重大意义。通过建立健全宏观调控机制，我们可以更好地促进全民共同富裕，这也是社会主义市场经济的基础和必然。社会主义市场经济体制的核心特征是将社会主义制度与市场经济紧密结合，以实现经济发展和社会进步。鉴于我国企业家主要面对的是社会主义市场经济环境，这就需要从政治因素、经济因素、文化因素等多个方面来进行探讨。在本节中，我们将着眼

---

① 姚水洪. 当代中国企业家成长的生态环境 [J]. 煤炭经济研究, 2004(06):39-41.

于企业外部环境和企业内部环境这两个方面进行详细阐述。

一、企业外部环境

赵文红（2000）指出，如果一个人有意愿进入企业家行列，并且拥有足够的技能，则其背后的成长环境、社会偏好、经济机遇等都将对其产生重要影响。郑海航（2003）深入探究了中国企业家的成长历程，他认为，政治、法律以及经济体制对企业家的发展起着至关重要的作用，它们不仅能够塑造一个有利的宏观环境，而且还能够促进企业家的成熟与发展。根据姚水洪（2004）的研究，中国企业家的成长受到多种社会环境的影响，包括制度体制、选择机制、评价机制以及企业家市场等，这些环境的运行也受到法律和社会文化的制约。

（一）政治因素

政策制度环境是决定企业家成长的重要因素。政府为促进民营企业发展所出台的一系列体制制度，从根本上推动了企业家的成长。党的十五大报告明确提出，公有制为主体，多种所有制经济共同发展是社会主义初级阶段的基本经济制度。通过加强对非公有制经济的监管和支持，我国的民营经济获得了显著的提高，为企业家创造出一个充满活力和机遇的发展环境。

党的十六大更加重视民营企业在经济发展中的地位，鼓励其扩大规模、合法经营，同时为其提供各项优惠政策，为企业家的发展创造了更好的条件。随着市场机制的日益完善，政策制度变革为企业家的成长提供了新机遇。此外，某些地区实行了优惠的税收政策、融资支持政策和促进民营企业发展的特殊措施，进一步促进了企业家的发展，汇聚而成的红利为企业家提供了难得的机遇和发展空间。

政府职能的强弱也直接影响着企业家的成长道路。政府为加快民营企业发展提供有力保障，对于企业家们的发展是至关重要的。因此，政府在制度环境中的规划都需要高效、有序、稳定地落实，从而有效地促进企业家的发展，并带动整个经济的稳健增长。

少数民族经济政策是国家为引导和影响我国少数民族及民族地区经济活动所规定并付诸实施的指导准则与措施，旨在促进民族地区经济发展，为各民族共同繁荣奠定基础。国家一直致力于制定和实施少数民族经济政策，旨在促进各民族共同发展和繁荣。国家需要根据不同民族地区的实际情况和经济结构的要求，制定正确的经济发展战略、产业政策和相关环境措施。此外，国家在制定这些政策时还需要考虑社会效益和政治效益，以确保实现目标的同时，不会对社会和政治稳定造成负面影响。

西南民族地区是我国重要的少数民族自治地区之一，政府制定的民族经济政策为该地区提供了广泛的支持。这些政策从财政、税收、扶贫、开放和对口支援等方面入手，为西南民族地区的发展奠定了坚实的基础。虽然这些政策在过去几十年中对发展少数民族地区经济起到了一定的作用，但在改革开放以来，随着市场经济的发展和东部沿海地区获得的大量优惠政策，现行的少数民族经济政策对民族自治地区的经济发展的促进作用还不够。

因此，国家需要更加灵活创新地制定少数民族经济政策，以更好地满足少数民族地区的经济发展需求。同时，一些地方在政策的执行上也存在一些问题，容易导致经济政策名存实亡。因此，国家需要加强政策的宣传和实施培训，提高政策执行的效果和质量，确保政策的有效落实，促进少数民族地区的经济发展和社会稳定。

另外，民族地区企业家的成长受到多方面因素的影响，其中企业家成长机制是一个重要的因素。企业家成长机制涵盖了决定企业家进入和退出企业的企业家市场流动机制、进入企业后的企业家激励约束机制、企业家绩效考核机制以及企业家培训机制等不同方面。企业家市场流动机制的健全与否,决定着企业家阶层是否能够有效地进行市场化运作;而企业家激励约束机制的完善程度,影响着现代企业制度下企业家阶层的存在;企业家绩效考核机制不完备,则难以给予企业家阶层合适的社会认同,也较难促进企业家阶层的成长与提高;缺乏完善的企业家培训机制,将无法为企业家成长提供良好氛围,同时企业家本身也难以实现在职业生涯中的延续。

简而言之,企业家成长机制应该是全面、协同、系统的。企业家市场流动、企业家激励约束、企业家绩效考核评价、企业家培训等机制都需要及时规范、改进和完善。例如,健全企业家市场流动机制可以增强市场选择能力和加大竞争压力,从而促进合格企业家阶层的形成和壮大;完善企业家激励约束机制,能够调动企业家的积极性和创造力,形成正确的职业导向;建立有效的企业家绩效考核制度则有利于为企业家提供明确标准,从而推动其不断优化行为与提高素质;健全企业家培训机制则能够切实提升企业家的综合素质,并实现整个职业生涯的持续成长。

(二)经济因素

根据Lohmann(1998)的研究,企业所拥有的资源可以划分为三种类型:显而易见的、隐蔽的和自然的。可见的资源主要是指工厂、设备、技术等实体性的财富,而无形的资源则是指企业家的智慧、创新能力、管理策略、营销策略、服务理念等。市场竞争的激烈程度是影响企业家成长的重要因素。首先,市场竞争越激烈,企业家越需要更加迅速准确地做出决策,以应对快速变化的市场,同时不断提高自身素质。

另外,市场竞争的激烈程度也会直接影响企业家人力资本的内涵和形成速度。如果市场竞争非常激烈,企业家更倾向于投入更多精力来追求更好的市场成果,并落实做强市场的竞争策略。相反地,当市场竞争的程度相对较低时,企业家则会将更多的精力用于建设和生产制造等公司内部工作中,这可以体现出做强实体经济的发展战略。

因此，市场竞争的激烈程度会很大程度地影响企业家人力资本的形成。企业家需要在激烈的市场竞争环境中保持敏锐的观察力，随时关注行业动态并挖掘机遇，及时采取行动不断提高自身能力和素质，并在竞争中不断提高管理水平。此外，市场竞争的激烈程度也会直接影响到企业家精力的分配和资源利用，使其选择更符合市场发展需要的发展路径并深化人力资本内涵。因此，建立一个健康有效的市场竞争环境对于企业家的成长、经济发展和社会进步都具有积极而重要的作用。

2019年，民族八省区经济社会发展面临三大特征：第一，地域资源较为丰富，却没有得到有效利用；第二，由于优越自然生态和资源禀赋等优势，使其保持了良好的生态环境；第三，由于经济基础薄弱，其发展成果并不理想，产业结构落后是主要问题，导致该地区的GDP总量增长缓慢，人均GDP、城乡收入差距较大的问题突出，社会共享性较差。值得注意的是，土地等一系列资源虽然丰富，但由于地广人稀，以及劳动力资源的浪费，使得资源利用率较低。自2000年至2019年的二十年间，民族八省区在人均GDP、居民人均可支配收入、平均预期寿命、城镇化率、森林覆盖率五个指标上都取得了明显进步，尽管不同省份的进步情况存在一定的差异。以内蒙古自治区为例，其在人均GDP、居民人均可支配收入、城镇化率三个指标中实现了领先。而广西壮族自治区在平均预期寿命、森林覆盖率这两个指标上表现尤其优异[1]。

总而言之，民族地区在经济社会发展方面取得了相对显著的成就，不断加快经济转型升级、合理利用自然资源、深化改革开放等措施将有助于推动民族地区进一步实现稳健快速发展。

（三）文化因素

企业家的成长不仅仅依赖于市场经济环境，社会文化也对其发展具有

---

[1] 冯滢滢.民族地区经济社会发展态势研究[D].北京：中央民族大学，2022.

重要影响。社会文化是一种深刻的影响力，它塑造人们的行为规范和价值观念，这些思维模式在历史长河中慢慢形成，直接影响着人们解决问题的方式和对自身价值的认知。在这样的文化背景下，企业家必须适应并应对各种挑战，因为他们的成功与否不仅取决于市场环境，还取决于他们对文化的理解和应对能力。因此，企业家应该对文化进行多方面的研究和学习，才能更好地适应和利用文化，以实现自身的发展和成功。

霍夫斯蒂德提出了文化方面的五个维度，包括权力距离、不确定性规避、个人主义与集体主义、刚性与柔性取向以及长期和短期导向。然而，由于企业家的文化背景独特，在成长过程中所表现出的行为模式和动机往往受到所处环境文化的极大影响。林新奇（2007）指出，针对企业家的成长而言，其与文化环境的关系并不是单向、被动的，而是一种相互作用、相互影响，并且互为因果的关系。这意味着，企业家的行为模式和动机不仅受到其所处文化环境的影响，同时也与他们自身的文化背景密切相关。根据 Kanichiro Suzuki（2002）的研究结果，美国企业家精神的主要来源在于教育培训，而日本企业家精神则主要受到家庭或团队集体精神的影响。相比之下，中国企业家精神则起源于强烈的家族观念。但这些不同来源可能导致经营管理中存在"任人唯亲"等弊端。何涌（1994）指出，孔孟文化在很大程度上对中国企业家的经营行为及成长模式产生了影响。因此可以得出结论，文化对于培养企业家的创新和创业精神具有至关重要的影响。不同文化背景下，企业家形成的行为方式、市场开拓思路、管理理念等都与其所处文化环境密切相关。因此，在科学地挖掘和遗传民族文化精髓、提高国民素质和文化水平等方面下功夫，将有助于为中国的创新创业精神发展提供源源不断的能量和支撑。

社会意识的上层建筑是人们思想观念的集合体，先进的思想观念是人类认知的指示方向，而落后的思想观念则会成为人们认识所面对的偏见和障碍。观念的滞后是制约少数民族地区经济社会发展的软性难题。少数民族要注重培养和激发其自豪感和自信心，积极推行社会主义市场经济发展理念，倡导面向世界、勇于探索的新发展观念。当前，我们需要强化以下理念：市场化发展观念、先富带动后富的大局意识、注重财富积累的价值取向、人才崇尚观念和科技创新意识。

此外，民族地区也是宗教文化复杂的地区，历史上涌现出各种宗教，这些宗教对于弘扬民族文化和维护社会稳定都有着一定的积极作用。然而，在经济社会发展相对滞后的区域，传统宗教文化中的一些落后观念也可能成为消极因素。这种情况需要引起我们的高度重视。一方面，宗教文化中的落后意识与先进的生产力和文化相遇却不相融，对少数民族地区的经济发展和社会进步存在着不利影响。另一方面，由于语言、文化、宗教等差异，在民族关系协调方面易受到国际因素的干扰，特别是外敌势力以及极个别分裂主义者借助民族之间的文化或宗教冲突制造矛盾裂隙，从而威胁国家安全和统一大局。因此，我们必须善加处理这些问题，创设和谐的社会主义民族关系，积极引导宗教与市场、经济文化相契合，避免和消解来自民族、宗教等方面的潜在风险，为民族地区经济发展营造有利的社会氛围。

二、企业内部环境

企业家的发展环境包括企业内部和外部环境两个方面，其中外部环境会受到政治、经济、文化等多种社会因素的影响。然而要想让企业家得到有效的成长，除了政治、经济、文化等社会因素的影响外，企业内部环境同样也扮演着至关重要的角色。毕竟，企业作为企业家活动的基地，在推动和促进他们的成长方面扮演着至关重要的角色。企业家是企业中最重要的人物，他们负责规划和实施企业战略，培养和发展企业核心能力。在这一点上，他们扮演着不可或缺的角色。企业组织的建设战略与企业家精神密不可分、相互交融，才能发挥最大的推动作用。因此，只有在企业家的领导下，企业战略才能真正发挥效力，为组织的整体增长注入活力和动力。

因此，企业战略、企业核心能力和企业家必须凝聚在一起，相互交融、相互促进。

耿学洪（2002）的研究表明，企业家的成长受到企业内部环境因素的影响，这些因素包括企业的组织形式、企业所处发展阶段、人员配置及人际关系、产权关系和分配制度、企业多元化和专业化经营、企业家本身应具备的个人素质等方面。这些因素共同作用，塑造着企业独特的文化氛围，对于企业家的发展和成长产生着不同程度的影响。只有在良好的企业内部环境下，企业家才能实现其领导能力和战略眼光的全面发挥，从而为企业的成功发展奠定坚实的基础。针对企业家成长的内在因素，我们需要从智商和情商两个方面进行分析。其中，优秀的企业家必须具备以下个人素养：就知识层面而言，需要掌握专业技能，并具备管理、财务、资本运作以及金融等相关领域的才能；就情商和心理素质层面而言，应该具备协调人际关系的能力，并保持良好的情感状态。

（一）企业的组织形式

企业组织形式按照企业资金来源划分，主要分为国资企业、民营企业、外资企业三种，企业的组织形式反映了其地位、性质、行为方式和作用，同时还规范了企业与债权人、出资者、员工、政府以及其他企业等内外部之间的各种关系。企业的组织形式决定了企业运作的基础，不同的企业组织形式对企业家才能的发挥具有不同程度的影响。

（二）企业所处发展阶段

企业生命周期理论的研究目标是寻找与企业特点相适应的优秀模式，以确保企业不断发展壮大。企业生命周期理论指出，企业的发展阶段一般划分为创业期、成长期、成熟期和衰退期四个阶段。企业家在不同阶段会面对不同的挑战。在创业期，他们的主要问题是让企业产品从众多竞品中脱颖而出；在成长期，随着企业业务的快速发展，他们需要面对将企业产品由单一转向多元化的挑战；当企业进入成熟期时，经营者则需要不断进行产品创新，并持续扩大市场份额以维持自身竞争优势。

（三）人员配置及人际关系

企业人员配置的主要目标是让合适的人去合适的岗位做合适的事，良好的人员配置能有效推动企业家的工作部署落地落实。企业人际关系决定了企业员工的亲密性、融洽性和协调性的程度。根据梅奥（1933）的人际关系理论，良好的人际关系能有效帮助企业家提高员工的劳动生产率，合理的人员配置能够降低企业成本，提高企业的效益。

（四）产权关系及分配制度

产权关系是针对财产占有、支配、使用、收益及处置等各个方面，由产权主体之间涉及的诸多关系和互动所构成的总和。分配制度即劳动产品在社会主体中如何分割、配给制度的总称。不同的产权关系及分配制度影响企业家工作的积极性和创造性。

（五）企业专业化和多元化经营

企业专业化经营和多元化经营是相对的一种企业发展战略。企业专业化经营是指企业将资源集中于自己所擅长的核心业务从事经营活动；而企业多元化经营则是指企业在原主导产业范围以外的领域从事经营活动。企业选择专业化或多元化经营，将决定企业家所采取的管理手段和方式。

（六）企业家本身应具备的个人素质

企业家的个人素质包括道德情操素质（包括社会责任感和使命感）、知识素质、能力素质和心理素质等。企业家的个人素质会影响企业的发展，也决定了企业在市场竞争中能走多远。真正的企业家不仅在经营方面是成功者，更应该具备战略、思想、艺术、军事和慈善等多重角色的担当和实践。唯有锐意进取，与社会和谐共处的企业家才能成就企业的辉煌。

三、内外在因素的互动

（一）关系网络

关系网络是由人与人、组织和群体之间建立的一种特殊且稳固而又紧密联系的连接纽带，它既能满足个人对资源信息的需求，也能实现企业家与外界建立联系和资源共享，并通过这种方式有效地将信息传递给外界。在民族地区企业家队伍中普遍存在着这样一个现象：一方面由于民族地区分布较广导致其接触信息的渠道较为闭塞；另一方面由于民族地区经济发展较为落后，其人才流失较为严重。因此，建立关系网络可以使得民族区域企业家队伍更加稳定。总体看来，企业家关系网络可从四个维度进行划分。

（1）代表企业间关系的企业家外部横向关系网络。

（2）代表企业与政府关系的企业家外部纵向关系网络。

（3）代表企业家对企业运营控制的企业家内部纵向关系网络。

（4）企业家动态关系网络。

Butler 和 Hansen（1991）开展了一项针对华盛顿州 29 家优质啤酒厂老板的实地研究，发现社交网络在创业阶段的作用各不相同。在公司成立到业务流程持续的过程中，公司与其外包合作伙伴、供应商和合作伙伴之间的关系已经从社交网络转变为商业网络。上游关系越来越商业化，而下游关系越来越社会化。

通过建立社交关系网络平台，可以促进大量的社会资源和信息的互换与流动。因此，企业家通常能够利用自己的社交关系网络平台以较低的成本获得那些他人难以获取的信息与资源。同时，社交关系网络很难被模仿或复制，能够成为企业家无形竞争力的一种体现。这种无形竞争力越强，企业家所获得的资源也就越多，成功的机会也就越大。因此，社交关系网络对于企业家动机的形成以及成长机会和资源获取等方面都具有推动作用。

从社交网络的角度来看,企业家的成长过程可以被理解为一个不断根据需求从各种社交网络中获取情感支持、信息和资金支持的过程。这些支持有可能改变企业家的偏好、期望和限制条件,从而促使他们采取行动。马克斯·韦伯(Max Weber,1921)认为,人类的行为受到两个主要因素的影响,分别是利益和社交关系。而社交关系的建立以个体对自身的认同为基础,这种认同可以包括血缘、地缘、业缘及共性等多个方面。2004年,姚水洪提出了一种理论,认为企业家的发展与成长是由一系列社交选择决定的,被称为"企业家成长生态系统"。该系统包含以下几个方面的关系:企业家与社交网络的关系、企业家与政府和机构的关系、企业家与自然环境的关系以及企业家与社交文化的关系。这些关系在不断交互中塑造着企业家的发展轨迹[①]。薛澜和陶海清(2004年)研究了企业家的社交网络,并发现在产业集群发展过程中,社交网络的组成方式也发生着变化。在产业集群的初期阶段,企业家主要借助于狭小区域内具有紧密联系的社交网络;随着产业集群的发展壮大,他们则更多地依赖于建立跨区域弱关系来拓展自己的社交网络;而在产业集群的成熟阶段,企业家的社交网络主要由那些在较广地理范围内关系更为紧密的人构成。

(二)企业家机会

机会学派认为,企业家的机会是由经济环境和市场变化所引发的。然而,企业家对机会的辨识与利用却与其个体特质密切相关。以柯兹纳等(1973)为代表的学者认为,企业家的机会并非一种已经存在的资源,而是在经济活动中出现的结果,是企业家过去一段时间活动的必然产物。企业家的机会来源多种多样,可以来自产品市场、要素市场以及新技术市场。这些市场中都存在着各种潜在的机会等待被发掘和利用。根据赵文红和李

---

① 姚水洪. 当代中国企业家成长的生态环境 [J]. 煤炭经济研究,2004(06):39-41.

垣（2004年）的实证研究结果，不同地区企业家的活跃程度差异可归因于各地特定的制度和经济特点，无论是国际上还是同一国家内。因此，企业家能够发现和抓住机会，不仅受到社会和经济发展水平的影响，也受到政府政策、制度、地区发展状况等多个因素的共同影响。根据赵文红等人（2000年）的研究，企业家成长环境分析框架包括机会、动机和能力三个方面，并发现个体从事企业家活动的意愿和能力与是否存在机会之间紧密相关。企业家发现和抓住机会的能力，受到市场上多种因素的影响，如环境变化、市场不协调、信息滞后等。而在发现机会时，企业家所依赖的是自身独特的知识、获取信息的能力以及对机会价值的评估和决策能力。在进行机会开发时，企业家获得成功与否会受到许多因素的影响，如机会的特点、工作者的个人能力和采用的开发模式等。因此，可见企业家开发机会具有两方面的特征：一是个人差异，二是地域特点。

第五章 民族地区企业家成长机制的设计

第一节　民族地区企业家成长的特殊性

一、民族地区的自然地理和文化环境具有特殊性

（一）自然地理环境

民族地区具有特殊的自然环境和地理环境，使得民族地区企业家成长具有明显的地域性。民族区域经济发展水平不同造成了各民族地区间企业在数量及产业规模上有较大差别，进而造成各民族地区企业家成长环境存在差异。

由于我国民族地区地理位置具有特殊性，大多数位于边疆地区，自然环境相对较差，特别是西部民族地区虽然地域辽阔，但自然地理条件复杂、地貌类型多样、生态系统脆弱，自然环境比较恶劣。这样特殊的自然地理环境使得民族地区的土地生产力和承受力较低，民族地区受地理位置和运输条件的限制导致企业进入市场的能力较低，进而企业家的创业活动比其他地区具有更高的风险。

已有研究表明，地理对企业发展具有重要影响，主要表现在：一方面，地理因素通过影响交通时间和成本对企业管理产生影响；另一方面，地理因素通过产生信息不对称，进而对企业的各项活动产生影响。第二、三产业层次结构也存在一定差距；地域之间基础设施建设不完善，导致人才流失严重，影响了企业家管理能力与创新意识的提高以及经营理念和方式方法的改善等。这些都会在很大程度上限制着企业家们的成长。

与其他地区相比，民族地区不利的自然地理环境制约了当地企业和企业家的发展，从而影响民族地区经济社会的发展，导致我国不同地区间发展的差距和不平衡。

（二）文化环境

民族地区文化具有鲜明的地域性、民族性、多元性等特征，它所包含的内容极其丰富，且表现形式多种多样。区域主义造成的相对孤立和相对封闭制约了民族文化的整体发展。地域辽阔、交通不便、人口相对稀少、分散的特殊环境，形成了小规模的文化发展状态。在漫长的历史中，创造并形成了一种民族文化，其内容包括服装、语言、建筑、宗教信仰、手工艺品、礼仪和习俗，以及生存观念、生活方式和生产方法。其中一些内容在不同种族之间是相近或相似的，而另一些内容则相差甚大。即使在同一种族内，由于部落或居住地的不同，在许多方面也存在显著差异。

从文化的视角来看，地理环境是文化产生和发展的地理生态系统。地理环境与民族地区的文化息息相关，地理环境是民族地区人们生存和文化创造的基本条件，每一个民族地区的社会文化都受到所处地区的地形地貌、山川河流、气候、生态等的影响。民族地区的地理环境决定了其经济生产方式，从而影响其物质文化形态；民族地区的地理环境影响了各民族的共同文化心理，产生了具有特色的民族文化。民族地区居住了多个民族，具有文化环境多元化、宗教信仰多样化的特征。对于民族地区企业家的成长而言，大多数企业家会受到宗教文化的影响。如伊斯兰教经典《古兰经》和"圣训"中规定了大量反映财产权、商业规范、商业活动、商业道德、消费、课税等涉及商业问题的命诫、论述和要求。这些源自"经典"的伦理思想都或多或少地成就了穆斯林企业家的"精神家园"[1]。理论和实践都证实了不同的民族文化会对企业家的人生观和价值观产生不同的影响，进而影响其创新创业的行为。藏族企业家深受藏族文化中"利他和利众"思想的影响，利他和利众精神有助于企业实现社会价值，达到商业价值与社会价值的平衡，也成为培养新时代藏族特

---

[1] 巴于茜.临夏穆斯林民营企业家研究[D].兰州：兰州大学,2013.

色企业家精神内涵的一部分[①]。

二、民族地区的经济与制度环境具有特殊性

我国民族地区主要指的是民族八省区，包括内蒙古自治区、广西壮族自治区、新疆维吾尔自治区、宁夏回族自治区和西藏自治区五大少数民族自治区和少数民族分布集中的贵州、云南和青海三省。民族地区普遍实行民族自治，除了可以行使和它同级的一般国家机关的职权之外，还可以行使自治权。其权利主要体现在以下三个方面。一是行使立法权。民族自治地方的人民代表大会有权依照当地民族的政治、经济和文化的特点，制定自治条例和单行条例。自治区的自治条例和单行条例，报全国人民代表大会常务委员会批准生效。自治州、自治县的自治条例和单行条例，报省或者自治区的人民代表大会常务委员会批准生效，并报全国人民代表大会常务委员会备案。二是自主发展经济的权利。民族自治地方的自治机关在国家的指导下，自主安排和管理地方性经济建设事业；根据本地方的特点和需要，制定经济建设的方针、政策和计划；合理地调整生产关系，改革经济管理体制；确定本地方内草场和森林的所有权和使用权；等等。三是进行贸易活动的权利。民族自治地方依照国家规定，可以开展对外经济贸易活动，经国务院批准，可以开辟对外贸易口岸；与外国接壤的民族自治地方经国务院批准，可以开展边境贸易。民族自治地方的自治机关在对外经济贸易活动中，在有些方面享受国家的优待[②]。

制度环境与企业家精神是密不可分的。制度作为环境，为企业家提供了创业创新活动的选择集；而企业家作为行为者，它的创业创新活动要有一定的规范，也即制度约束。从信号传递理论来看，高水平的制度环境可为企业家创造良好的创业环境；而低水平的制度环境则增加了市场的不确

[①] 陆秋.白玛多吉企业家精神形成与作用过程案例研究[D].南昌：江西财经大学,2022.
[②] 中国民风民俗教案 – 道客巴巴[EB/OL].

定性和风险，抑制了创新创业活动的开展。从资源配置角度来看，制度环境的质量决定着企业家精神是配置到创造财富的生产性活动中还是配置到分配财富的非生产寻租活动中（胡永刚和石崇，2016；简泽等，2017）。高水平、良好的制度环境具有明显的制度可信性、环境可靠性和规则公平性，有利于确保企业家精神更多地配置于创业创新等生产性活动中，推动企业开展公平交易以及在复杂经济活动中的合作，改善企业家的境况、降低交易成本、促进企业家的成长；而低水平、糟糕的制度环境有效性偏低、可执行性也较差，迫使企业家精神更多地配置于非生产性活动中，更多地趋于追逐政治关系和政治联结，明显增加了监督成本及交易成本，限制了交易规模和交易范围，甚至发生破坏性活动，导致阻碍企业家的成长发展[①]。各民族地区都十分重视发展经济，并制定相应制度作为保障，营造良好的营商环境，培育企业家精神，促进企业家成长。

第二节 民族地区企业家成长机制的设计框架

根据企业家成长的一般模式、民族地区企业家的基本状况以及民族地区企业家成长存在的问题，结合民族地区企业家成长影响因素的分析，在参考有关企业家成长机制研究成果的基础上，结合民族地区的实际情况和企业家成长发展的规律，本书提出民族地区企业家成长机制的设计框架，如图5-1所示。

由图5-1可知，列出来民族地区企业家成长机制主要包括外在机制和内在机制两个方面，其中外在机制主要包括环境机制，体现在地理环境、文化环境、市场环境和制度环境四个方面；内在机制包括动力机制和能力机制，动力机制包括外在动力和内在动力，能力机制包括机会能力、管理

---

① 孔令池.制度环境、企业家精神与高技术产业集聚[J].中国经济问题,2020(02):16-29.

能力、承压能力、社交能力等。

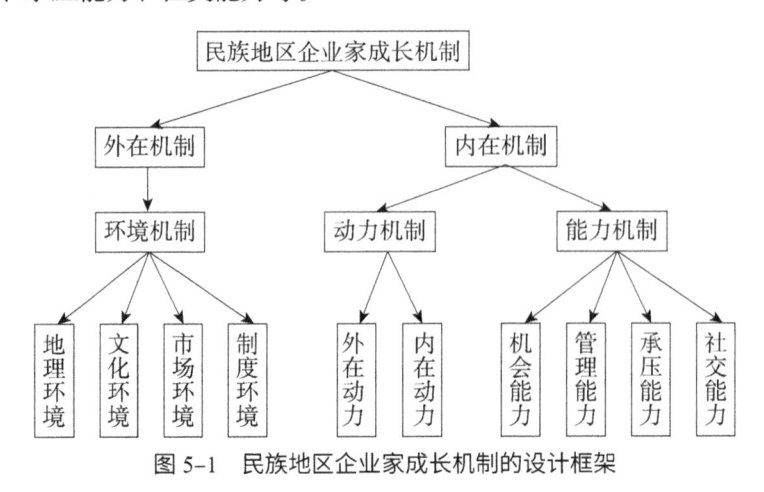

图 5-1 民族地区企业家成长机制的设计框架

一、外在机制

（一）地理环境

地理环境决定论者认为，地理环境、自然条件对社会变化起决定作用，是决定社会变化的根本因素[①]。人的秉性、民族的气质受到所在位置、气候、地形和地貌等条件的影响。基于该理论，民族地区由于大多处于边疆地区，地理环境相对较差，不利的地理环境对民族地区企业家的性格、创业创新行为产生重要影响。在少数民族地区中，各省区都存在着一定程度的区域差异。地域分布对企业家所起的作用是不同的，而且这些区域差异会进一步导致各地区企业间出现竞争关系和在市场规模扩大的情况下产生恶性循环现象或相互排挤等问题，使民族地区经济发展水平受到限制甚至停滞，从而影响民族地区企业家的成长。虽然民族地区的地埋坏境相比其他地区较差，影响了民族地区企业家创业选择和创业活动的开展，但也激发了民族地区企业家勇于改变、敢于挑战、不惧现状、不断创新的精神，从而给民族地区企业家成长以正向促进。

---

① 地理环境决定论 _360 百科 [EB/OL].

（二）文化环境

民族地区企业家的文化素质是决定企业家成长的环境因素，也与民族地区内经济发展水平息息相关。各民族地区的文化有所不同，对当地企业家产生不同程度的影响。民族地区文化的差异大多对企业家的成长有积极影响，但也有部分民族地区的传统民族文化会对企业家产生一定的消极影响，甚至会阻碍企业家的成长和企业发展。

在社会化程度上，由于受到传统观念、文化背景和地理分布等方面的影响，部分民族地区企业家对本国生产生活方式认识不足或不理解导致了他们思想保守落后及缺乏创新意识。当地教育投入水平的高低直接影响当地企业家自身素质水平。在民族地区，文化环境对企业家发展十分重要。因此，民族地区需要吸收优秀的传统文化，抛弃民族地区文化中制约经济发展的落后观念，结合中国特色社会主义文化的内涵，重构民族地区先进的文化环境，以促进民族地区企业家的成长。

（三）市场环境

市场环境的不规范性和垄断，会对民族地区企业家成长产生严重影响。因此，解决好政府、企业与社会三者之间存在的关系这个问题显得尤为重要。市场是民族地区企业家实现自我价值的场所，是民族地区企业家成长的重要外部环境；同时企业经营活动的开展离不开市场。良好市场机制的建立有利于民族地区经济发展、产业结构优化调整以及市场经济协调有序运行，民族地区大多数都已经建立了有序的市场环境，给企业家的健康成长和企业的正常合理经营创造了条件，企业能够在市场竞争机制下促进产业升级和科技进步，为民族地区企业家创造一个公平公正公开的外部条件。目前，民族地区正在通过不断完善和健全市场制度，为企业家创造良好的市场环境，使企业家能够带领企业公平地参与市场竞争，并发挥企业家应有的作用和最大潜能，也保证民族地区企业家队伍质量和水平能够得到提升。

(四)制度环境

制度环境是指国家或政府为企业提供的各种法律、法规和政策等。中国有句谚语"没有规矩,不成方圆",古人的这种朴素而重要的思想流传至今,可能没有人会认为它不正确,但它却一直被忽视。经济学中一条重要的原理就是:不同的制度安排会使一个人产生不同的行为,从而导致不同的结果。用经济学的观点进行解释就是,人的行为没有规则(即制度的激励和约束),就会导致市场资源配置不合理、市场低效率或无效率、市场秩序陷入混乱状态。为什么说制度环境是重要的?因为人类的一切活动都与制度有关。所以,制度环境对于企业家成长尤为重要,会对企业家的行为产生深远的影响。创造公平竞争的制度环境,能使民族地区的市场在资源配置中起决定性作用,减少民族地区政府对市场的干预,提高市场的开放度和竞争度,推动民族地区经济健康发展。创造公平竞争的制度环境,营造出良好的营商环境,能够增强民族地区企业的活力。创造公平竞争的制度环境,有利于更好地发挥政府的作用,有利于企业与政府建立健康的关系,能够鼓励和促进民族地区企业家的成长。

二、内在机制

(一)动力机制

成长动力是个人或组织受内外部影响而产生的促进其成长的内驱力,包括内在驱动力和外在驱动力两个方面。对于企业家成长而言,其成长动力包括外在动力和内在动力两个方面。

1. 外在动力

企业家的成长受到环境的支持和影响。外部环境的刺激会对企业家的成长产生激励。因此,民族地区企业家的成长受到外在的激励约束机制、绩效考核机制等的影响,这些外在因素成为触发其成长的外在动力。激励约束机制是一系列制度的总和。民族地区企业家为了追求成就和自我实现的需要，会追求社会声誉。良好的声誉可以让企业家在市场上具有谈判的主动权，也可以使企业家不必付出更多的努力就能取得显著的企业绩效，还可以延长企业家的职业生命周期。企业家是具有异质性的人力资本，对其进行绩效考核，不仅适用于企业家的聘任、薪酬等，还意味着企业家能力的提升、成长和进步。

在一定制度环境下，企业家的人力资本属性与水平有赖于企业筛选机制的作用效率。高效率的企业家筛选、激励与约束机制共同作用促使民族地区企业家通过努力实现其自身的不断成长，从而提高民族地区企业家的经营能力。因此，企业家的筛选、激励与约束机制也是企业家成长的一个动力来源。

2. 内在动力

需求层次理论是人本主义心理学家马斯洛提出的，是心理学中的激励理论，包括人类需求的五级模型，通常被描绘成金字塔内的等级。从层次结构的底部向上，需求分别为：生理需求、安全需求、爱和归属感的需求、尊重需求、自我实现的需求。该理论认为只有当人的低层次需求（如生理需求）满足后，才可能出现更高级的层次需求（如尊重需求、自我实现的需求等）。自我实现的需求对于个人来说是最高层次的需求，能最大限度发挥个人的潜能和能力。能达到自我实现境界的人，自觉性较高，解决问题的能力较强，能够完成与自己的能力相称的事情。马斯洛指出，为满足自我实现的需要所采取的手段和方法因人而异，不尽相同。只有不断挖掘自身的潜能，最终成为自己所期望的人物，才能实现自身价值。一位企业家真心认为自己所经营的事业能为这社会带来价值，而为此更好地工作。

企业家的成长在本质上表现为经营型人力资本更新或增值的过程。经营型人力资本的显著功能在于创业、守业或拓展事业。其他人力资本不具有相关功能或相关功能不强。与其他类型人力资本一样，经营型人力资本也具有"背景依赖性""专用性"等特点，在一定环境条件下才能发挥最大功效。与其他类型人力资本一样，经营型人力资本与其拥有者不能分离，不能靠继承获取。经营型人力资本是异质性主导的人力资本，具有边际报酬递增特征。经营型人力资本的内核由特质资本、知识资本和社会资本三个维度组成[①]。

民族地区的企业家具有上述经营型人力资本的特征。作为经营型人力资本的民族地区企业家自我增值的驱动力会比其他类型人力资本自我增值的驱动力表现得更为强烈。因此，强烈的自我增值功能是民族地区企业家成长强大的内在动力。民族地区企业家自我实现的需求就是这种内在动力的表现形式。

（二）能力机制

民族地区企业家通常具有很强的内驱力，在内驱力的作用下，不断学习和实践，企业家能力不断增强，进而促进了其成长。本文认为，民族地区企业家成长受到各种能力的影响，主要包括机会能力、管理能力、承压能力、社交能力等。

1. 机会能力

机会是客观存在于外部环境之中的，机会需要人去发现。当前，每个人并不缺少机会，而是缺少把握机会的能力。创业是创业者运用创造性能力，识别、评估各种机会，组织、创造或运用各种资源，使机会实现，以实现价值增值的动态过程。对于民族地区企业家而言，其机会能力包括机会识别、机会评估、机会实现等方面。企业家对机会识别是其与环境的互动过程。企业家的机会识别过程具有主观性和创造性。并非识别到的机会对于企业家而言就是好的机会，还要看企业家是否拥有该机会要求的能力和资源，因此企业家需要分析机会的可行性。机会评估需要分析三个主要方面：要实现的目标、外部环境变化带来的契机、参与竞争的基础。企业家必须以客观的、现实的态度评估自己的风险、倾向和能力等个人要素。机会实现是指企业家对

---

① 罗朝阳. 基于企业成长视角以经营型人力资本为枢纽的企业家成长机理研究[D]. 厦门：厦门大学，2008.

机会进行评估筛选后根据机会涉及的产业和市场、资本与获利、竞争优势、管理班子等情况进行团队建设和资源整合，以实现机会的价值。

2. 管理能力

企业家的管理能力本质上是提高组织效率的能力。在企业经营管理实践中，企业家的管理能力主要体现在五个方面：决策、组织、领导、控制和创新。管理的核心是决策，决策是科学与艺术融合的体现，企业家须具备决策能力以提升企业的决策效率和效果。企业家的组织能力体现在组织设计、人员配备和组织文化设计等方面。领导是管理工作的重要内容。领导能力主要包括领导者的分析判断能力、沟通能力、激励能力、指挥协调能力、学习能力、为人处世能力等。控制是指对组织内部的管理活动及其效果进行衡量和纠正，以确保组织的目标以及为此而拟定的计划得以实现。控制工作是所有管理人员的职责。企业家需要具有较强的控制能力，运用控制的方法和技术保证企业计划的实现。企业家的创新能力是指企业家通过战略创新、组织创新和领导创新帮助企业实现自觉和有效的创新行为，以适应不确定性的外部环境。这五个方面既是企业家作为企业管理者的基本职能，也是考核企业家能力的参考指标。管理能力的高低是影响民族地区企业家成长的重要能力因素。

3. 承压能力

承压能力简单来说就是一个人承受压力的能力。承压能力主要包含抗压能力、抵御能力、担当能力、分解能力、消化能力、释放能力等一系列的精神要素，是一个人生存生活工作中一项重要的素质[1]。民族地区企业家由于环境的影响，一般承压能力较强，能够经受各种各样的挫折，不容易被压垮和打倒。民族地区企业家往往有丰富的阅历、见多识广，尤其是内心经过磨炼，意志变得更加坚定，面对企业经营中遇到的风险和挑战具有坚不可摧的抗御力。承压能力强的企业家知道如何去化解和正确地释放压

---

[1] 承压能力和纠偏能力，决定成长的高度 – 今日头条 [EB/OL].

力，对于在企业经营管理中遇到的问题和困难都能够找到办法去解决。因此，企业家的承压能力决定了其成长的高度。

4. 社交能力

社交能力也称人际交往能力，是一个人与他人交往的能力。

社交能力主要包括六个方面。一是人际感知能力。它是指感知他人的情绪、动机、需求、想法和其他内心活动和心理状态的能力，以及感知自己的言行对他人影响程度的能力。二是人员记忆力。它是指记住通信对象的个人特征、通信情况和内容的能力。简而言之，它是一种记住与交流对象及其活动相关的所有信息的能力。三是人际理解力。它是指理解他人的想法、情绪和行为的能力。人际理解能力是现代企业管理中的一项重要工作技能，也是人力资源管理者必须具备的关键素质之一。拥有人际理解能力的企业家善于理解他人的愿望，理解他人的感受，通过他人的语言、声音、行动等来理解和分享他人的观点，抓住他人未表达的疑虑和感受，抓住他人的需求，并采取适当的语言来帮助自己和他人表达感受。四是人际想象力。它是指根据对方的地位、处境和立场来思考和评估对方行为的能力。这就是与他人共情的能力。五是风度和表现力。这是人际交往的外在表现。它是指与人沟通的行为、举止、言语和风度，以及真诚、友好、富有感染力的情感表达，这是高级人际沟通技巧的表现。六是合作和协调能力。这是人际交往能力的综合表现，是企业团队合作的必要能力[1]。

民族地区企业家必须懂得善于处理各类复杂的人际关系。企业家要注重培养自己的良好学识修养、领导风格，在社交活动中要有良好的言行举止，自信地处理各种公共关系事务。社交能力提升是企业家成长的重要体现。企业家在企业内外都面临着复杂的人际关系，较强的社交能力有助于企业家处理好各种关系，更好地经营管理企业，并促进自身不断成长。

---

[1] 如何提高交往能力（转自百度）[EB/OL].

第六章 影响民族地区企业家成长机制的因素研究

第一节 研究内容与方法

企业家是推动社会经济发展的一种稀缺性资源，企业家的数量、素质和能力，对各地区经济发展的速度、质量和竞争力起直接的决定性作用。企业家成长对经济发展起着重要的作用，能激励企业建立企业内部和社会环境相结合的企业家成长机制，会进一步推动社会经济发展。

企业家依靠自身的努力、社会大环境的支持以及企业内部管理机制的激励和约束而实现成长。因此，各级政府不仅要关注企业发展，更要关注企业家成长需求，建立企业家成长机制，以实现企业家的自我发展。

企业家的成长机制是指便于企业成员充分发挥主观能动性的制度条件和文化氛围。企业家的成长有自身的内因作用，也受外因的影响。

本章研究的内容是影响民族地区企业家成长的内在和外在因素及建立企业家成长机制的重要性。

一、研究内容

民族地区企业家的成长因素可以分为内在和外在因素两个方面，而这两种类型都有各自不同的特点，在理论上也有不同程度的区别。

（1）企业家成长的内在因素。主要体现为企业家自身所具有的素质和能力，包括胆识、发现力、领导力、决策力、创新能力、协调和沟通能力、坚韧和耐力，还有道德和责任感。

（2）企业家成长的外在因素。主要包括企业家的家庭状况、发展机遇、区域经济特点、行业发展动向、社会制度和国家政策等社会环境。

无论是天才型还是后天型的企业家，都需要企业建立相应的企业家成长机制。如教育与培养，帮助企业家重新塑造知识体系，建立对于自身能力认知的基础，形成对于企业发展的基本判断，这对于一个企业家的成长来说至关重要。

实践教育也是孕育民族地区企业家成长的重要机制。企业家在企业发展的过程中实现自我发现，不断地在成功中积累经验，在失败过程中吸取教训，形成一个优秀企业家具备的条件。

社会环境对企业家的激励是企业家成长的外在牵引力。企业家成长的激励机制主要包括社会环境、个人发展机会，以及积极的企业文化制度和企业精神。

实现企业家自我实现和成长的两个要素缺一不可，相辅相成，共同促成企业家价值的自我实现。其中，企业家的个人能力是内核，外在环境是动力。

二、研究方法

基于第四章和第五章的内容作为案例撰写的理论框架，选择民族地区具有代表性的企业家作为案例样本，采用案例研究法对民族地区企业家成长机制进行研究。为了保证数据资料来源的真实性和准确性，主要从与企业家相关的数据资料入手，具体包括企业家所在企业公开披露的年度报告、新闻媒体的报道、官方网站信息、出版书籍及期刊等。选取"桂林三金药业股份有限公司"创始人邹节明、"老干妈"品牌创始人陶华碧、"索芙特"品牌创办者和广西索芙特集团有限公司董事长梁国坚作为民族地区企业家的代表，结合具体的成长事件、关键情景描述对其成长环境进行分析，找出影响民族地区企业家成长的各种因素。通过归纳梳理总结，形成民族地区企业家的成长机制。在此基础上分析其企业家精神，以期能为民族地区企业家的成长助力，并通过企业家的成长促进民族地区经济社会的发展。

不同民族地区会存在一定的差异，尤其是地域差异对企业家成长会产生很大程度的影响。因此在案例撰写时，主要依据影响企业家的成长环境、动力和能力等方面，从内在因素和外在因素着手，对民族地区企业家成长机制进行探究，具体包括以下要素。

（1）企业家简介。包括企业家的履历和在企业担任的职务，强调突出企业家在企业发展和企业品牌打造过程中所取得的成就和获得的荣誉。

（2）影响企业家成长的内在因素。从企业家具有强烈的成就欲望、企业家的管理能力、企业家的创新能力、企业家的学习与交流能力、企业家把握机会的能力、企业家的社交能力等维度进行详细阐述，从而突出影响企业家成长机制的内在因素的具体表现。

（3）影响企业家成长的外在因素。主要从企业家具有环境适应能力、企业家重视人才、企业家所处的环境、企业家具有的合作意识、企业外在资源等方面进行论述。

（4）企业家精神对企业经济增长的影响。主要从企业家的人格、法律意识、创新精神、事业心、责任感等品质及其所信奉的管理观念和方式、管理规章、管理规范等方面进行研究。

第二节　民族地区企业家成长机制的典型案例

一、案例一：桂林三金药业股份有限公司创始人——邹节明

1. 企业家简介

邹节明，三金集团主要创始人。他于1966年毕业于武汉大学生物系药用植物专业，毕业后参加了桂林市中药厂的筹建，他从工人、技术员做起，担任了研究室主任、技术与质检部门负责人和技术副厂长，1984年12月被任命为厂长。1994年3月，他发起组建三金药业集团，担任董事长兼总裁、集团总工程师和党委书记。2001年，他发起组建桂林三金药业股份有限公

司（以下简称桂林三金），担任董事长和党委书记。在他的领导下，桂林三金实现了快速发展，成为国内知名的中成药厂家。他提出的企业精神"崇信、创新、争先、勤实"深入人心。他主导研发了享誉海内外的三金片和西瓜霜等产品，被誉为"西瓜霜大王"。作为教授级高级工程师和博士研究生导师，邹节明先生在学术和教育领域也做出了杰出的贡献，推动了中药学科的发展。他毕生致力于中药现代化和产业化的发展，既关注传统知识的传承，也注重与现代科技的结合，在中医药研究领域取得了显著的成就，为社会做出了巨大的贡献。

2. 影响企业家成长的内在因素

（1）管理能力。邹节明积极面对市场，不断坚持变革和创新。注重企业精神文明建设，大力培育三金文化，倡导"崇信、创新、争先、勤实"的三金精神，倡导"敢想、敢做、敢创、敢爱"的核心价值观，注重提升职工素质，持续改善职工生活，严于律己、以身作则，从而使公司实现了三个文明建设齐头并进、互相促进的和谐发展。他依靠科技进步与科学管理，因企制宜、锐意改革、不断创新，将一家小型作坊发展成为广西最大的医药企业，在全国中药行业中名列前茅，实现了企业发展史上的"五次腾飞"。

（2）把握机遇的能力。邹节明从小就对医学有浓厚的兴趣，学医七年，毕业后分配进药厂成了一名工人。他牢牢抓住技术这道关键线，靠着"三金片"研制成功声名鹊起。之后他又将目光放在西瓜霜的研制上，经过多年的研究终于掌握了西瓜霜的一整套工艺，直到今天西瓜霜也仍然是他的代名词。

（3）科研能力。邹节明设计和主持开发了39个拥有独立知识产权的品种，为桂林三金各个发展阶段的经济效益奠基，西瓜霜润喉片、桂林西瓜霜、三金片等科研项目获国家级科技进步奖2项，省部级科技进步奖10项。他主持完成国家863、"十一五"和"十二五"重大科技攻关等中药与民族药创新项目国家级9项、省部级15项；先后研发出三金片、桂林西瓜霜、西瓜霜清咽含片、西瓜霜润喉片、玉叶解毒颗粒、舒咽清喷雾剂、脑脉泰胶囊等32种中药和民族药新药,使得桂林三金成为中国最早生产中药片剂、颗粒剂等现代中药制剂的厂家之一。

公司自主研发出60个医保目录品种,42个国家基本药物品种,39个具有独立知识产权的品种,20个国家中药保护品种,其中独家保护品种19个。公司拥有的诸多专利当中,"西瓜霜制备工艺"专利是在中药制备工艺上的一个国家保密专利,该项工艺使公司成了国内外唯一一家能够运用新工艺工业化生产西瓜霜原料霜的企业。公司牵头研制中药制剂新技术43项,其所研发的西瓜霜生产工艺是国内中药炮制创新的一个典范,也是世界上唯一一家实现工业现代化生产的企业;获国家发明专利49项(1项为保密专利,4项为中国优秀专利),获国家级与省部级科技进步奖13项,发表学术论文110篇,出版专著3部,培养博士研究生4名,博士后3名。"特色中成药脑脉泰胶囊的研究与开发"获2007年度广西科学技术进步奖一等奖;"三金西瓜霜的研究与开发"项目、"现代特色中成药三金片的研究与开发"项目分别获2005年度、2014年度广西科学技术特别贡献奖。

(4)创新能力。邹节明一生坚持以中医药理论为指导,以现代科学技术为手段,依托广西本地资源,摒弃粗制滥造的落后手法,自主创新独家特色产品,打造属于自己的名牌,不断深化营销创新,实施了品牌年轻化战略,其价值营销模式已完成对旗下主导产品全覆盖,创新传统中药生产工艺,将中药现代化,推动中药产业快速发展,使桂林三金成为中国第一批生产中药片剂、冲剂等现代中药制剂的厂家。以蛤蚧定喘胶囊为基点的"医疗市场营销体系重构计划"取得了可喜成果。他注重产学研合作,其牵头的"广西中药民族药研究开发及智能制造产业化创新联合体"获广西创新联合体认定;不断推动三金片、西瓜霜等核心产品的精品工程的创新和提升,加速现代中药新药研发和经典名方的研究并积极推动民族药的创新。公司现有的特色中药新药全部由企业技术中心主持研发,在口腔、咽喉类药物以及泌尿系统用药方面已经具备了较强的专业性和市场竞争力。

（5）神圣的使命感。邹节明始终把自己的命运与桂林三金的生存发展，及我国中药工业的发展紧紧扣在一起，勇于开拓、不断创新、实事求是、刻苦勤奋，有效地推动桂林三金持续、健康、快速发展，为我国中药创新、中药产业现代化、中医药事业发展做出了突出贡献。

3. 影响企业家成长的外在因素

（1）适应环境的能力。学医是很苦的，邹节明经过五年专业知识的学习，毕业后也没能进入医院，拿到所谓的"铁饭碗"，反而被安排到了离家很远的桂林中药厂。当时的桂林旅游业也没有发展起来，桂林只是个偏僻的小城市。而且桂林中药厂条件恶劣，技术和器械也十分落后。1966年毕业后，邹节明被分配到桂林中药厂，欲展宏图，却遇"文革"，他没有随波逐流，而是遍访民间偏方，调查中草药资源，呕心沥血研究开发中药和民族药新药，将中药现代化，推动中药产业快速发展。

（2）超强的合作意识。在三金崛起的背后，有着这样一群"敢想敢创"的现代企业管理者：他们励精图治、锐意进取、永不言退，正是这支执着、坚强的队伍，使桂林三金在医药发展道路上保持连年上升的态势，取得了一个又一个辉煌的成就。管理团队结构在保持稳定的同时不断输入新鲜血液，团队专业配备得当，年龄层次分明，形成了良好的梯队。团队与区内外高校院所共建"西南民族药协同创新中心"，省部共建"广西民族药协同创新中心"，与中国人民解放军军事医学科学院共建"抗辐射军队特需药品产学研联盟"，承担总后勤部国家重大新药创制专项1项，被认定为西南地区军队特需药品定点生产基地，获得军队特需药品《生产与配置许可证》，获得7个产品的生产认证。

（3）重视人才培养。企业非常重视人才战略，注意科研人员年轻化、专业化，制定和实施了很多的人才优惠政策，提高引进人才的福利待遇。根据公司发展需要，桂林三金不断引进高级科研技术人员和经营管理人员，在工资分配和培训、教育方面继续向专业技术人才倾斜，实施科技进步管理、奖惩规定，调动了广大科研技术人员技术创新的积极性。公司激励技术人员奋发进取，体现自身价值，建立了有效的人才引进、激励、培养、考核等机制，形成了一整套促进技术开发和技术创新的政策。技术中心已培养博士后3名，博士生3名，硕士生5名，培养广西"十百千"人才工程第二层次人选3名，国家"百千万"人才工程人选1名，引进斯坦福大学博士后1人，技术中心建立了广西中草药资源开发研究、广西中成药制剂研究等技术团队。

（4）资源整合能力。公司一直重视技术创新中的产学研方式，技术中心与国内知名的高校、院所建立了良好的合作关系，如北京中医药大学、中山大学、武汉大学、广州中医药大学、中国药科大学、广西医科大学、复旦大学、广西中医学院、广西药检所、解放军军事医学科学院二所、辽宁医药工业研究院、上海医工院、广西中医药研究所、湖南中医研究所等。

公司与北京中医药大学、武汉大学、广西医科大学合作建立了企业博士后科研工作站，与广西医科大学药理教研室合作建立中药新药药理研究实验室，与广西师范大学成立了西南民族药协同创新中心。

2010年，企业与解放军军事医学科学院建立产学研联盟，双方就抗辐射、抗晕动药物方面展开一系列的合作，并共同承担了"十二五"重大新药创制专项"抗辐射军队特需药品产学研联盟"。

2013年，公司被解放军原总后勤卫生部评为西南地区军队特需药品定点生产基地，并通过7个产品的生产认证工作。

2015年，公司被广西工信委认定为广西"产学研用一体化企业"。

4. 企业家成长机制

综合上述邹节明先生的成长和创业经历，其作为企业家受到内在因素和外在因素的影响，且两种因素相互作用、相互促进，共同驱动了企业家的成长，绘制了以下企业家成长机制结构图，如图6-1所示。

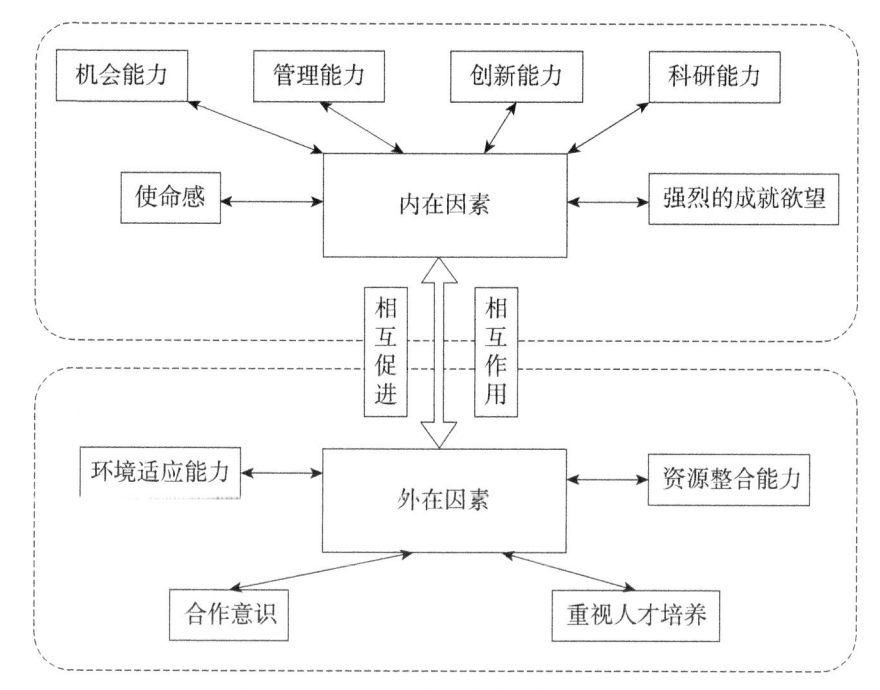

图 6-1 桂林三金企业家成长机制结构图

企业家精神是企业家在经营活动中所展现出的一系列特质和行为，这些特质和行为对企业的创新、成长和成功至关重要。企业家精神是企业不断创新和增长的主要动力。邹节明先生作为桂林三金的创始人，展现了卓越的企业家精神，如图 6-2 所示。

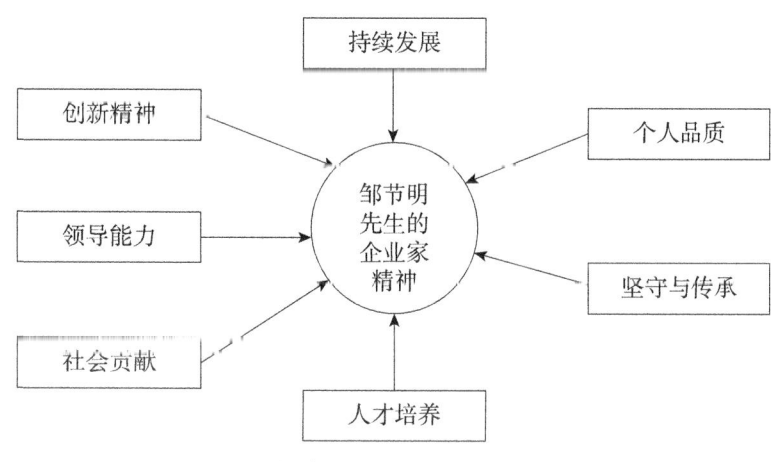

图 6-2 邹节明先生的企业家精神结构图

（1）创新精神。邹节明先生被誉为"西瓜霜大王"，他对传统中药的改良和创新做出了巨大贡献。他带领团队研发了效果很好的西瓜霜，并实现了现代化生产，这体现了他强烈的创新意识和实践能力。

（2）领导能力。作为桂林三金的领导者，邹节明先生不仅在技术和产品研发上有所作为，还在企业管理和人才培养上展现了领导能力。他建立了以"崇信、创新、争先、勤实"为核心的企业文化，并推动了企业从一个小作坊发展成为一家上市公司。

（3）社会贡献。邹节明先生的贡献不仅局限于企业发展，还包括对社会的贡献。他研发的产品如西瓜霜润喉片等，为千家万户带来了健康和便利，同时他个人也获得了多项荣誉和奖项，如全国劳动模范、全国五一劳动奖章获得者等，这些都是对他为社会所做贡献的认可。

（4）人才培养。邹节明先生注重人才的培养和发展，他坚持高起点引进人才，并建立了员工学校，有计划地对员工进行培训，以提高员工的整体素质。

（5）坚守与传承。邹节明先生坚守中药传统，同时注重传承与创新的结合，他的工作体现了对中药文化的尊重和对未来发展的深远考虑。

（6）个人品质。邹节明先生展现了高尚的个人品质，即使面对高薪诱惑，他依然选择留在桂林中药厂，这表明了他对事业的忠诚和热爱。

（7）持续发展。邹节明先生对企业持续发展有着深远的影响，他的创新理念和实践为企业的长期发展奠定了基础。

企业家精神可以激发企业家不断追求成长和进步，而企业家成长又能够进一步强化其企业家精神。一个具有强烈企业家精神的人更有可能通过不断学习和实践，实现个人成长。反过来，一个不断成长的企业家也更有可能培养和强化其企业家精神。无论是企业家精神还是企业家成长，其最终目标都是推动企业的发展和成功，为社会创造更大的价值。

二、案例二：贵阳南明老干妈风味食品有限责任公司——陶华碧

1. 企业家简介

陶华碧，贵阳南明老干妈风味食品有限责任公司（以下简称老干妈）及"老干妈"麻辣酱创始人。她凭着坚韧不拔的精神、对产品质量的严格把控，以及对诚信经营的坚持，成了国际知名的辣酱品牌"老干妈"。她一生秉承"诚信为本，务实进取"的企业精神，将一个小型食品店发展成为全国知名企业、国家级农业产业化经营重点龙头企业。陶华碧女士的故事激励着无数创业者，她的成功不仅仅是商业上的成就，更是对品质、责任、诚信和持续创新精神的体现。

老干妈成为国内生产及销售量最大的辣椒制品生产企业，主要生产风味豆豉、风味鸡油辣椒、香辣菜、风味腐乳等20余个系列产品。在大多数国外购物网站上"老干妈"都直接译成"Lao GanMa"，也有译成"The godmother"。2012年7月，美国奢侈品电商Gilt把"老干妈"奉为尊贵调味品，限时抢购价11.95美元两瓶（约7.74英镑，折合约79.1元）。美国"老干妈"绝对算得上是"来自中国的进口奢侈品"。2019年12月，"老干妈"入选2019中国品牌强国盛典榜样100品牌。

2. 影响企业家成长的内在因素

（1）强烈的成就欲望。一个成功人士，不一定就得是高学历。所有伟大的事业离不开创始人坚毅的付出，置人生低谷而后生，在逆风中选择前行，陶华碧20年的执着付出令人敬佩不已。第一次"商业谈判"她说："哪个娃儿是一生下来就一大个哦，都是慢慢长大的嘛，今天你要不给我瓶子，我就不走了。"软磨硬泡了几个小时后，双方达成了如下协议：玻璃厂允许她每次用提篮到厂里捡几十个瓶子拎回去用，其余免谈，她满意而归。她就是凭借着强烈的成就欲望获得了成功。

（2）把握机遇的能力。对每个成功的人来说遇到机会，能否把握住是关键。1989年，陶华碧开了个简陋的餐厅，专卖凉粉和冷面。当时，她特地制作了辣椒酱，作为专门拌凉粉的一种佐料，结果生意十分兴隆。有一天，一群顾客来吃饭时，听说没有辣椒酱，转身就走。这件事激发了陶华碧制作辣椒酱的灵感，经过反复试制，她做出了风味更加独特的辣椒酱。从此顾客多了，买辣椒精的更多。于是陶华碧抓住了这个发展机遇，办起了食品加工厂，专门生产辣椒酱，定名为"贵阳南明老干妈风味食品有限责任公司"，在短短的6年间创办出了一家资产达13亿元的私营大企业。

（3）诚信办厂。她永远是现款现货，"我从不欠别人一分钱，别人也不能欠我一分钱"。从第一次买玻璃瓶的几十元钱，到现在日销售额过千万她始终坚持这个原则。"老干妈"没有库存，也没有应收账款和应付账款，只有高达十几亿元的现金流。"老干妈"的生产规模爆炸式膨胀后，合作企业中不乏重庆、郑州等地的大型企业，贵阳第二玻璃厂（以下简称贵阳二玻）与这些企业相比，并无成本和质量优势，但她从来没有削减过贵阳二玻的供货份额。现在"老干妈"60%产品所用的玻璃瓶都由贵阳二玻生产，贵阳二玻的4条生产线，有3条都是为"老干妈"24小时开动。

21年只卖辣酱，却创造出70亿元的价值，她的"老干妈"并不符合当下新型企业的发展方式，许多企业一旦赚钱了就难免想进军房地产、互联网这类的"朝阳行业"，做个大突破。而"老干妈"至今不曾涉足其他行业，"有多大本事做多大的事"，这也是她在有限的几次接受采访时多次提及的原则。"我做本行，不跨行，就实实在在把它做好做大、做专做精。钱再来得快，也不能贪多。"或许正是依赖其朴实的商业逻辑，"老干妈"才得以步步为营、称霸市场。

（4）亲情化管理。老干妈成功的管理密钥，是管理层结构简单、亲情化管理。公司没有员工手册，所谓的规章制度其实非常简单。只有一些诸如"不能偷懒"之类的句子，更像是长辈的教诲而非员工必须执行的制度。没有人叫她董事长，全都喊她"老干妈"，公司2000多名员工，她能叫出60%的人名，并记住了其中许多人的生日，每个员工结婚她都要亲自当证婚人。

（5）回馈社会。据统计，作为农业产业化国家重点龙头企业，公司在贵州省7个县建立了28万亩的无公害辣椒基地，形成了一条从田间延伸到全球市场的产业链。"老干妈"成名了，不断有其他省、市邀请她到外地办厂发展，提供了大量的优惠政策，陶华碧都拒绝了。她说："子子孙孙都要留在贵州发展，要在贵州做大做强，为贵州争光。"

陶华碧除了积极在企业中安排下岗职工和社会待业人员，以企业名义开展捐资助学等公益活动外，曾以个人身份参与各类社会公益活动和光彩工程的建设。1998年，她向特大洪水灾区捐款2万元；后来向贫困地区出资出物，出资协办市政形象建设活动，2005年已累计向社会捐款数十万元。2008年，贵阳遭受凝冻灾害，她向灾后重建工作捐款100万元。

3. 影响企业家成长的外在因素

（1）经营能力。从创业初期开始，陶华碧坚持"现款现货"的经营思想，即一手交钱、一手交货，进行现钱、现货交易。简单的现款现货策略，让不识字的陶华碧可以发挥最大化的经营能力，避免大量的应收账款无法收回的事情发生，同时也保证了资金的周转率。

成立公司后，她亦始终坚守"现款现货"模式。与现代企业经营理念"格格不入"的还有，"老干妈"的市场知名度以及资金流早已具备上市的资格，却一直"拒绝上市"，她认为："上市就是骗人钱。""老干妈"一直以来都是现货现提，从不贷款、不偷税、不欠钱、不打广告的标签让"老干妈"在"资本为王"的市场环境里显得特立独行，在资本市场外依然保持强大的竞争力和企业战略定力。

（2）营销能力。"老干妈"几乎没有广告，在她看来，消费者的口碑宣传就是最好的广告。这一原则在其个体运营阶段就已体现，很多人正是通过口口相传而专程坐车赶来买她的麻辣酱。后来事业虽然做大了，可陶华碧的宣传理念仍然没有变。另一方面，"老干妈"的产品坚守其低价定位和产品品质，并将自己的头像印在瓶子上，以自身作保给消费者一种承诺和安心。对于质量的保证，使"老干妈"产品得以固守于佐餐酱品类市场。

（3）社会责任感。自2008年开始担任全国人大代表的陶华碧，在此后积极参加全国两会或贵州省两会，每年她都会提交议案建议，且大多与"打假"有关。作为企业家，陶华碧关注民营经济的发展。2011年，陶华碧在两会议案中表示，民营企业、民营经济的发展现今要注重管理体制和法律体系的建设，保障民营企业的合法权益。2014年，陶华碧提出制定优惠政策，创造宽松环境，重点扶持优秀民营企业的建议。2015年，她提出推动民营企业产业转移和产业升级等方面的建议。

（4）重视知识产权。陶华碧重视"老干妈"的包装专利，并致力于打击仿冒伪劣产品。在多年坚持下，其包装和瓶贴已经固化为最深入消费者内心的品牌符号，甚至成为这一类品牌的代表符号。最著名的一次打假，是与湖南"老干妈"的3年官司。陶华碧不依不饶，从北京市二中院一直打到北京市高院，此案成为2003年中国十大典型维权案例。

（5）"老干妈"品牌享誉世界。为了更好经营公司、扩大市场规模，陶华碧将一些骨干人员派往广州、深圳等一线城市去学习先进的管理方法，一步步推进公司走上科学化管理之路。企业质量管理体系的建立和质量管理工作的有效实施，使历年来产品的各项指标都达到国家卫生、质量标准，产品出厂合格率始终都位于同行业榜首。公司先后被授予"全国食品行业质量效益型先进企业""检验合格企业""全国乡镇企业质量管理先进单位""国家级农业产业化经营重点龙头企业"称号，产品"油辣椒"通过了"绿色食品"认证，"油制辣椒"系列食品获得"中国名牌"称号，并由公司作为标准的主要起草单位发布了国内首个"油制辣椒"国家标准。

2013年，企业产值37.2亿元，上缴税金5.1亿元。

2014年，"老干妈"入选2014年中国最有价值品牌500强榜单，以160.59亿元的品牌价值名列第151位。

2020年5月10日，"2020中国品牌500强"排行榜发布，"老干妈"排名第477位。

2022年12月，入选2022水肌因·胡润中国食品行业百强榜排名第47位。

4.企业家成长机制

陶华碧的创业故事是一个充满韧性和智慧的成功案例。"老干妈"以诚信和质量赢得顾客信任，以科研和创新满足市场需求，以资源整合拓展发展路径。综合陶华碧女士的成长和创业经历，绘制出以下企业家成长机制结构图，如图6-3所示。

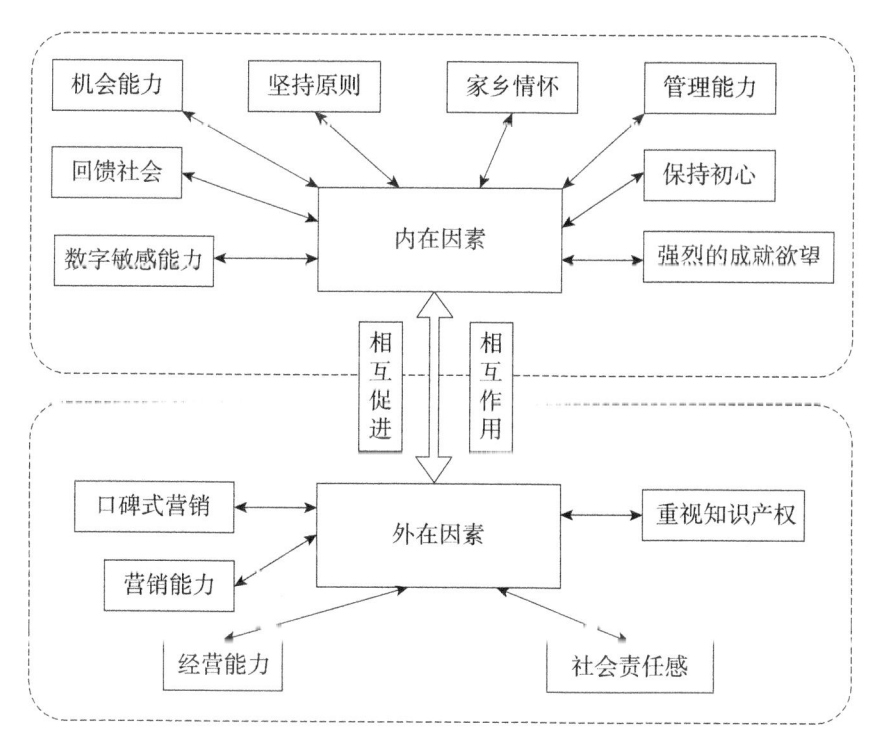

图6-3 "老干妈"企业家成长机制结构图

企业家精神是公司不断创新和增长的主要动力。陶华碧女士作为贵阳老干妈风味食品有限责任公司的创始人和董事长,她的企业家精神表现在以下几个方面,如图6-4所示。

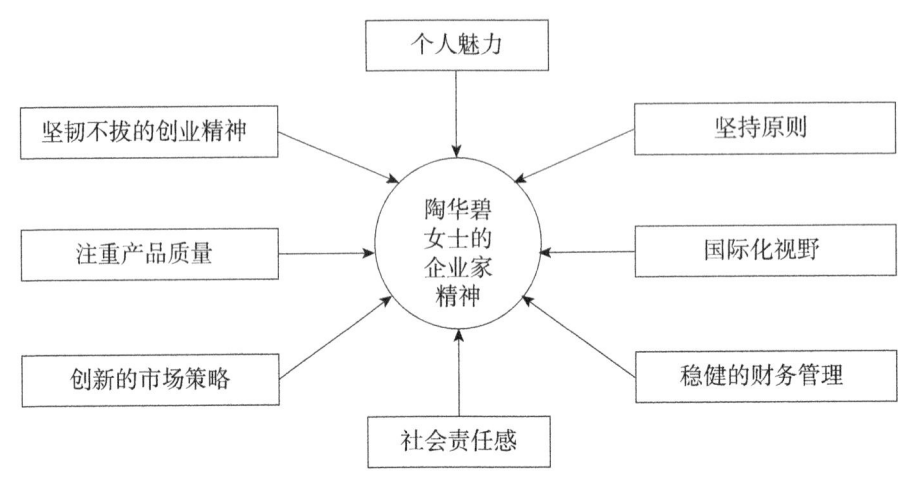

图6-4 陶华碧女士的企业家精神结构图

（1）坚韧不拔的创业精神。陶华碧女士在面对个人生活的逆境和文化水平限制的情况下,依然选择创业,并且成功打造了"老干妈"这个品牌。她的坚韧和毅力是她成功的重要因素。

（2）注重产品质量。"老干妈"品牌之所以能够赢得市场和消费者的信任,很大程度上归功于陶华碧女士对产品质量的严格把控。她坚持使用自己的头像作为品牌标识,体现了她对产品负责的态度。

（3）创新的市场策略。陶华碧女士通过免费提供辣酱给顾客,逐渐将辣酱转变为主要销售产品,展现了她对市场需求的敏感和创新的市场策略。

（4）社会责任感。老干妈不仅关注商业利益,还积极承担社会责任,与当地农民签订收购合同,带动了当地经济和就业,体现了陶华碧女士的社会责任感。

（5）稳健的财务管理。老干妈坚持"不欠账、不赊账"的现销模式,保持了良好的现金流和财务健康。

（6）国际化视野。老干妈不仅在国内市场取得了巨大成功，还积极拓展国际市场，其产品出口至80多个国家，显示了陶华碧女士的国际化视野和品牌推广能力。

（7）坚持原则。陶华碧女士坚持不上市、不融资的原则，保持了企业的独立性和自主决策权，这在当今资本市场驱动的商业环境中显得尤为难能可贵。

（8）个人魅力。陶华碧女士的个人故事和她对生活的态度激励了许多人，她的人生观和价值观也成了"老干妈"品牌文化的一部分，增强了品牌的文化内涵和社会影响力。

综上所述，陶华碧女士展现了非凡的企业家精神，她的成功不仅仅是商业上的成就，更是对品质、责任、原则和人文关怀的坚持与体现。陶华碧女士凭借坚持和努力，从贫困家庭主妇成为商业奇迹创造者。她注重产品质量和企业文化，体现了坚持诚信、创新、务实、奉献的企业家精神，面对困难不放弃，为女性创业者树立了榜样。

同时，陶华碧女士的企业家精神对中国传统文化的传承产生了积极的影响，在促进中国传统文化传承方面起到了示范作用，她的创业理念和实践在一定程度上影响了中国企业界和社会对于传统商业道德和社会责任的认知和重视。

三、案例三：广西索芙特股份有限公司——梁国坚

1. 企业家简介

梁国坚，1956年出生，大学本科学历，历任梧州市人民医院医师、梧州中港美容院医师、广西索芙特股份有限公司董事长。他所创办的索芙特股份有限公司（以下简称索芙特）从成立到处于中国民营日化行业如日中天的地位，只用了短短15年时间。在他的带领下，索芙特事业蒸蒸日上，之所以能取得如此成就，与他的坚持和信念是分不开的，凭借他对市场的

敏锐度和勇争第一的信念,也正是他所秉持的"思想主宰一切"的力量以及这种力量所形成的坚强意志,在商界历经风雨并成就了今天的自己。

2. 影响企业家成长的内在因素

(1)强烈的成就欲望。1988年,梁国坚看中了美妆市场,所以他辞去了自己的工作选择下海创业。最开始的时候,梁国坚创办了索芙特美容店,该店的主要服务内容是为广大爱美女性护肤。在这期间,梁国坚发现很多女性都对自己的身材有所不满,这些女性都想要减肥,身为医生的梁国坚先生,在功能日化领域创立了"索芙特"品牌。

(2)管理能力。在企业管理方面,梁国坚运用阿米巴管理体系,构建索芙特特有的灵活管理策略,加强企业运营管理,把思想转化为信念,构建快乐营销的企业文化,实行差异化解决同行竞争的营销手段。

(3)营销能力。索芙特拥有全面、一流的营销体系,通过成熟的补货系统及时为市场发货、补货,与市场销售同步。公司拥有优秀的销售团队"尖刀队",队伍遍布30多个省、2000多个城市、1000多人,产品还拥有全国数百家经销商的庞大销售体系。产品配有明星培训师,深入各经销点进行系统培训,以专业培育团队、督导市场。专业的旗舰店形象高档、规模一流,有效提升品牌专业度、美誉度。

索芙特坚持大手笔、大战略的品牌推广思路,全面掌握营销话语权。一是通过央视以及一线卫视,大手笔重金投放宣传信息。索芙特携手全国首档聚焦当代国民生活方式的美好综艺《生活真美好》,激发了综艺种草力及粉丝的强附着力,促使"索芙特个性化防脱"的品牌定位深入Z世代心智,给品牌带来流量。二是通过微信、微博以及一线门户网站、新闻媒体以及顶级时尚媒体,打响营销宣传战。

2014年5月18日,索芙特与腾讯正式确立年度战略合作伙伴关系,在广州拉开世界杯营销大幕。在"携手·腾飞"索芙特腾讯战略合作发布会上,索芙特宣布正式开启网络营销传播新篇章,与腾讯近10亿用户一起携手，助力品牌全面腾飞。

（4）科研能力。"索芙特"的品牌规划实行"五年三步"战略，全面构建品牌战略版图。2013—2014年为功能型品牌建设期，公司通过防脱、美白两大类产品，以"致善至美"全面提升品牌形象；2015—2016年为扩张期，公司从品牌形象知名度提升转化为品牌美誉度建设，将产品品牌转化为服务品牌；2017—2018年为成型期，"索芙特"成为功能型个人护理品类的代名词，拥有主流忠诚的核心消费群。

30多年历程，索芙特在梁先生的带领下，在美妆领域开展研发项目17项（含产学研项目），转化成科技成果32项，拥有20项发明专利，9项实用新型专利，35个特殊功能性化妆品生产许可证，是持有特证最多的日化企业，曾在业内被美誉为"中国功能性化妆品第一品牌"，于2014年首次获得国家评审认可，并在2017年再次评审通过《高新技术企业》。

在产品研发方面，为提高产品的科技含量和附加值，索芙特与中山大学第三附属医院、莱德尔生物科技等共同组建了索芙特皮肤工程与化妆品研究中心；在产业结构方面，索芙特提高产品品质，在产品中应用GMP和GAP标准，实现与国际管理接轨。

（5）创新能力。针对5G时代如何不被第6次渠道革命抛弃，索芙特集团Tender Eleven抖商大学堂启动大会。一是分享与开放利益娱乐中创造财富面对万亿商机的短视频时代，当我们站在最前沿的时候，如何行动？二是获取抖音万亿渠道最新趋势和行动方案。2019年5G时代元年，索芙特启动内容分享直达零售的全新商业模式,将从微信创造的"自媒体革命"，进入抖音带来的"自渠道革命"。

精准的定位、创新的品类、差异化的营销，让梁先生被誉为日化黄埔军校的校长。时至今日，索芙特由一个单一的功能日化企业，发展成涉及金融投资、房地产、汽车再生资源、智慧美妆等多个产业的索芙特智慧产业科技集团。

3. 影响企业家成长的外在因素

（1）运营能力。"索芙特"的品牌规划实行"五年三步"战略，全面构建品牌战略版图。2013—2014年为功能型品牌建设期，公司通过防脱、美白两大类产品，以"致善至美"全面提升品牌形象；2015—2016年为扩张期，公司从品牌形象知名度提升转化为品牌美誉度建设，将产品品牌转化为服务品牌；2017—2018年为成型期，"索芙特"成为功能性个人护理品类的代名词，拥有主流忠诚的核心消费群。梁国坚善于把著名企业的管理方法和营销手段集于一身，在共性中寻求个人特色，融会贯通、开拓创新。索芙特充分运用差异化营销策略，这不仅表现在巧妙而神奇的产品功能开发上，而且在与宝洁等国际品牌交锋时，善于迂回，善于打差异化战略，将企业、产品、价格、渠道、广告等各个方面进行差异化处理，在细分市场中寻找出路。

（2）科研能力。索芙特在中国这片神奇的土壤里孕育而出，坚持以"中国化妆行业的扛旗者"为目标，致力于洁肤、护发、洗发、口腔护理等全身洗护领域，索芙特拥有属于自己的医学科研团队、医药级生产共产基地。一直以来，索芙特秉持"用效果说话"的产品开发理念，坚持与时俱进、精益求精，更是以高标准来生产每一款产品，从而满足市场需求，打造属于中国人的功能型身体肌肤护理品牌。

（3）资源整合能力。索芙特自成立以来，坚持自主创新，在研发上投入了巨额经费，大力支持美妆科研新技术的落地、成果转化，经过长期的发展和业务凝练，在创新的商业模式的催化下，索芙特已走在美妆科研和生产的前列。

4. 企业家成长机制

梁国坚先生通过索芙特集团的发展，推动了民族日化品牌的建设，提升了品牌价值，同时也带动了相关产业链的发展，对社会经济发展产生了积极影响。这些贡献体现了梁国坚在企业社会责任方面的努力和成就，他通过个人和企业的影响力，为社会做出了积极的贡献。综合梁国坚先生的成长和创业经历，绘制出以下企业家成长机制结构图，如图6-5所示。

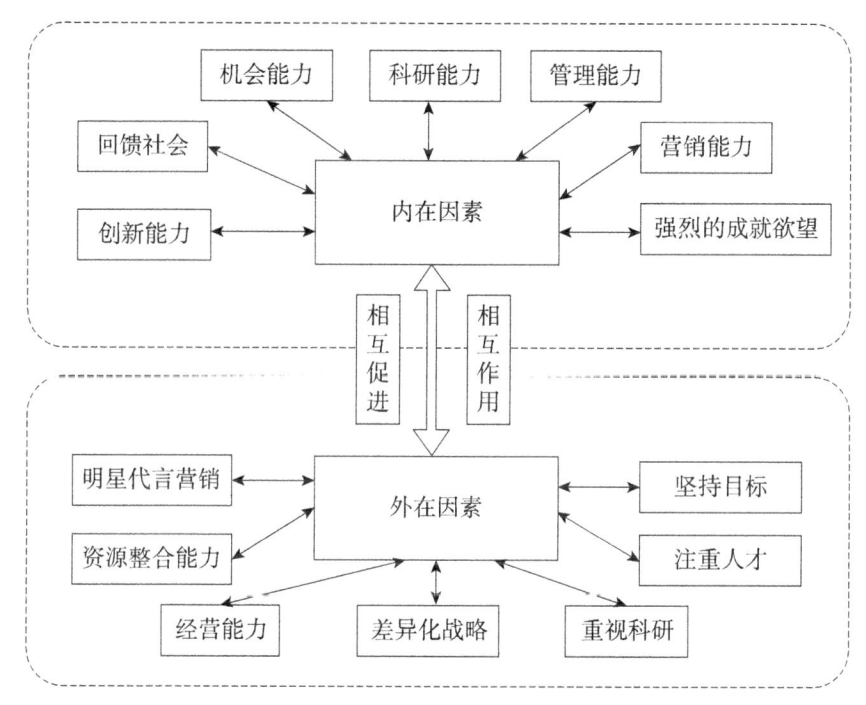

图6-5 "索芙特"企业家成长机制结构图

梁国坚先生作为索芙特股份有限公司的创始人和董事长，他的企业家精神主要表现在以下几个方面，如图6-6所示。

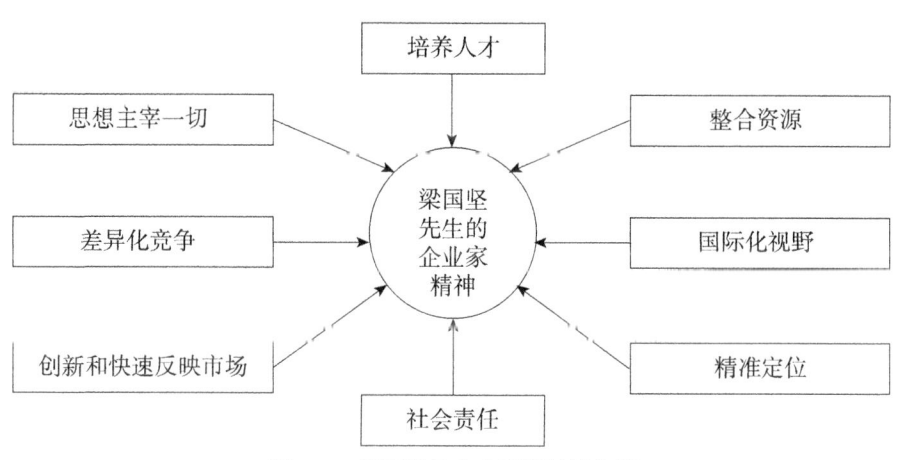

图6-6 梁国坚的企业家精神结构图

（1）思想主宰一切。梁国坚认为"思想主宰一切"，他将这种理念融入企业管理和经营中。这意味着企业领导者的思维方式和态度将直接影响企业的方向和成败。梁国坚通过坚定的信念和强烈的个人魅力，带领企业走向成功。

（2）差异化竞争。梁国坚强调差异化竞争的重要性，他认为在激烈的市场竞争中，差异化不仅是一种竞争策略，也是一种商业智慧。

（3）创新和快速反映市场。梁国坚不断推出符合市场热点的新产品，"快"已成为"索芙特"品牌的特色。他通过快速反映市场变化，及时调整产品线和营销策略，确保企业始终处于竞争的前列。

（4）社会责任。梁国坚在商业活动中也体现了对社会的责任感。例如，在新冠疫情后，索芙特集团积极响应国家号召，捐赠医用物资，展现了民营企业家的精神活力和责任担当。

（5）精准定位。梁国坚在市场定位上的策略也非常精准。他通过深入研究消费者需求，找到市场空白点，如开发海藻减肥香皂和木瓜美白系列产品，满足了消费者对健康美容产品的需求。

（6）国际化视野。梁国坚通过将产品出口到日本和其他国际市场，展示了他的国际化视野。这不仅增加了销售额，也提升了品牌形象。

（7）整合资源。梁国坚擅长整合各种资源，无论是合作伙伴还是竞争对手，他都能找到合适的合作方式，共同开拓市场。

（8）培养人才。梁国坚注重人才培养，他鼓励员工超越自己，并为员工提供了成长和发展的机会。他认为，只有勇争第一，才能在商业世界中取得成功。

综上所述，以上策略都是梁国坚企业家精神的体现，并且在不同程度上影响了梁氏集团的发展和成功。

通过案例研究得出如下结论。

①民族地区是自然资源丰富的地区，资源的开发利用为当地企业家的

成长提供了良好的外部环境，为企业家的成长奠定良好的基础。

②企业家成长机制的建立不仅为企业家提供了成长的土壤，还能帮助企业开发潜力，促进企业更加健康地发展。

③企业家需要把握好民族地区资源优势，在企业发展中找到适合自己成长发展的路径，更好地激发市场活力，推动社会经济的高质量发展。

第七章　促进民族地区企业家队伍成长的对策建议

第一节　营造有利于民族地区企业家成长的文化环境

随着国家各项专项计划的扶持和落实，民族地区的发展备受关注，国际市场的开放和自贸区的建设，使得民族地区的经济发展迅速，民族地区的企业家也在不断涌现。然而，由于历史、地理、文化等因素的影响，民族地区的企业家在成长过程中仍面临着许多困难和挑战。因此，营造有利于民族地区企业家成长的文化环境是一项重要举措。

文化环境包括社会文化环境和企业文化环境[①]。社会文化环境是指人类社会历史实践过程中人类所创造的物质财富和精神财富的总和。社会文化具有地域性、民族性或群体性的特征。企业文化环境是指企业在长期实践中所形成的反映自身特点的价值观念、经营哲学、行为准则、企业精神等方面的总和。构建一个有利于民族地区企业家成长的文化环境，能够促进民族地区企业家群体与当地社会文化环境和企业文化环境互动，并在此基础上形成良性循环。不同民族地区形成了独具特色的民族文化，民族文化对当地社会文化和企业文化的影响是必然的和巨大的。建议民族地区可以采取以下措施。

一、加大民族地区的教育投入

教育是培养人才的重要途径。加强民族地区的教育投入，可以提高教育质量，为民族地区的企业家成长提供更好的人才基础。民族地区的教育是非常复杂的，并且具有很强的专业性和技术性特点。在经济发展迅速、社会进步的今天，人才对区域产业结构调整起着决定性作用。因此加强民

[①] 杨冯玲,徐鹏飞.中国企业家成长与成长环境的关系研究综述[J].中国集体经济，2014(09):39-41.

族地区政府与当地企业之间的合作关系建设就显得尤为重要。

政府要加大投入力度，完善基础设施和设备建设；为促进民族地区教育事业全面推进提供物质基础条件；积极争取国家与自治区的支持资金并采取设立专门机构进行扶持工作等措施来加快当地师资力量向贫困落后地区转移，促进流动人员转变思想观念、提高文化素质及技能水平，从而更好地推动经济发展。政府一方面要鼓励和吸引社会各界的力量参与其中，通过加大对民族地区的教育投入，促进地方政府、企业和社会各界人才之间相互了解，互相学习，促进当地经济发展；另一方面要加大财政拨款，加入对高校的投入，通过财政补贴等方式鼓励企业到少数民族地区投资、支持民族地区教育事业发展。政府也可以提供一定资金支持以促进本地区少数民族学生到该地区就业创业或提高就业率，积极与各高校进行沟通交流以促进双方在经济方面合作关系进一步加深；同时加大对人才的引进，通过各种渠道增加当地人才进入当地企业工作或创业培训等机会，从而不断完善民族地区企业家队伍建设。

二、建立民族地区的创业文化

创业文化是企业家成长的重要因素之一。建立民族地区的创业文化，弘扬创业精神，鼓励和支持民族地区的企业家创业，以为企业家提供更好的创业环境。

民族地区创业文化的建设不仅需要创业者自身不断学习和积累，同时也需要政府、企业家等社会各界人士共同努力。政府要鼓励和引导创业者以市场为导向，通过各种渠道、手段，积极宣传创业文化，对民族地区传统经营方式给予高度重视，并制定相应政策保护其知识产权和商业秘密等，以保证创业文化建设不被破坏或侵害到原生态环境，为我国经济发展提供动力支持。

三、加强民族地区的文化交流

民族地区的文化交流可以促进不同民族之间的相互了解和交流，增强民族地区的凝聚力和文化自信，为民族地区的企业家成长提供更好的文化环境。民族地区与外界的文化交流，是一个国家文化发展过程中必然要经历的阶段，最终在民族地区形成了具有浓郁地方特色、经济基础雄厚和区域合作氛围浓厚等优势特点。

民族地区与内地其他地区相比，其经济、文化和社会发展程度都相对较低，在一定时期内有一些交流合作的障碍，因此政府要充分发挥各地区优势互补作用。首先是加强民族地区之间的文化交流，大力推进区域间的文化交流活动；其次是加强民族地区与其他各国间的相互往来、沟通协作，促进各民族地区共同参与社会发展、繁荣经济，同时也为维护自身利益创造良好条件和提供必要保障；最后是通过文化交流传播带动社会进步。总之，民族地区企业家的成长和稳定离不开各方面因素相互影响、相互作用。因此，政府要充分利用好各个环境中的各种有利条件来推动民族地区健康快速地向前发展；企业家只有不断提高自身素质，树立良好形象，提高市场竞争力，才能促进经济发展。

营造有利于民族地区企业家成长的社会文化环境需要民族地区社会多方面的共同努力，在民族地区打造爱国、诚信、创新的文化氛围和培育新时代企业家精神。2020年，习近平总书记在企业家座谈会上的重要讲话指出，"企业营销无国界，企业家有祖国""优秀企业家必须对国家、对民族怀有崇高使命感和强烈责任感，把企业发展同国家繁荣、民族兴盛、人民幸福紧密结合在一起，主动为国担当、为国分忧"[1]。

因此，民族地区政府要大力倡导企业家热爱祖国，弘扬企业家爱国精神，促使企业家办好企业，主动为国担当、为国分忧，积极承担社会

---

[1] 习近平总书记讲话引发热烈反响：弘扬企业家精神勇当生力军[EB/OL].

责任。

　　民族地区政府要构建和完善社会诚信体系，健全企业家诚信经营激励约束机制。民族地区政府通过强化企业家信用宣传，实施企业诚信承诺制度，督促企业家自觉诚信守法、以信立业，依法依规生产经营，让企业家坚守契约精神。民族地区政府利用全国信用信息共享平台和国家企业信用信息公示系统，整合在工商、财税、金融、司法、环保、安监、行业协会商会等部门和领域的企业及企业家信息，建立民族地区企业家个人信用记录和诚信档案，实行守信联合激励和失信联合惩戒。民族地区政府创造良好诚信经营的社会氛围，营造公平竞争的营商环境，倡导民族地区企业家做诚信守法经营的表率，把诚信作为企业文化中应有内容。民族地区政府还要建立激励保障机制，优化企业家创新环境。企业家创新活动是推动企业创新发展的关键。在 VUCA 时代，唯创新者胜。营商环境是企业家成长和企业生存发展的土壤。民族地区政府通过营造有利于企业家成长的创新环境，培育有利于企业家成长的创新文化环境，激发企业家的创新活力，让企业家成为该地区创新发展的探索者、组织者和引领者，把企业打造成为民族地区的创新主体，为民族地区的经济社会发展做出贡献。

第二节　建立有利于民族地区企业家成长的市场环境

　　市场环境是影响民族地区企业家成长的外部基础条件。首先，市场经济发展和经济全球化，使民族地区企业面临着巨大挑战。随着社会分工不断深化，生产技术不断进步，劳动力成本不断上升，为民族地区经济创造了良好机遇：一方面有利于改善区域产业结构，另一方面有助于提高产品竞争力与资源配置效率，以获得更高的利润空间及更广阔的市场前景，吸引外来投资或人才进驻该区域从事经营活动，并在该地区建立品牌优势和管理制度体系,从而推动民族地区企业发展。

其次,市场经济发展为民族地区企业家提供了更广阔的市场环境。在经济全球化和区域一体化趋势下,民族地区企业面临的竞争更加激烈。为了使民族地区企业家更好地适应外部变化带来的机遇与挑战、满足其生存以及实现自身价值并获得更大进步等需求,不断探索新机制以提高管理效率及能力水平,是促进民族地区经济进一步发展所必须解决好的问题之一。

再次,市场经济体制的建立为民族地区企业家成长提供了公平且有效的制度保障。在这种情况下,政府要加强市场监管和调控,为民族地区企业家提供公平的发展环境,从而促进民族地区企业健康有序地成长。

最后,在市场经济体制下,要想使民族地区经济进一步发展,必须解决好市场机制问题。在这一基础上,政府应该建立和完善以产权制度、法律体系等为主体内容的社会化管理制度。在经济全球化的背景下,民族地区企业家要想适应市场经济环境,就必须有良好的市场意识、创新精神和开拓进取精神。

企业家是民族地区经济发展的重要主体。为民族地区企业家营造良好的市场环境,弘扬企业家精神,能够促进民族地区企业家的成长。世界银行发布的《全球营商环境报告 2020》显示,中国排名从 2018 年的第 46 位跃升至第 31 位。我国对于营商环境的重要性的认识达到新的高度。2019 年,李克强总理在两会政府工作报告中强调"要激发市场主体活力,着力优化营商环境"。随着我国经济发展进入转型阶段,营商环境成为区域经济发展的重要指标,优化营商环境不仅是激发市场活力、推动经济转型升级的关键,也是经济高质量发展的内在要求,是国家发展的重要软实力[1]。一个良好的市场环境可以为企业家和企业的发展提供较好的环境因素,促进民族地区企业家的成长,从而推动民族地区经济社会的发展。

《2020 中国企业家成长与发展专题调查报告》中指出,企业家期望从

---

[1] 李娟,马丽莎.营商环境对企业家精神的影响研究[J].商业经济,2020(02):105-107.

政府层面，进一步改善企业营商环境，努力提高政府效率，减少不必要的干预，加强产权保护；从产业层面，贯彻创新驱动发展战略，积极促进经济转型，加速企业传承；从企业层面，保持企业创新连续性，努力采取自主创新战略，坚持在创新中传承；从企业家个人层面，优选接班人传承方式，积极加强与高管团队的沟通，尤其是通过增加非正式活动加强沟通，培养企业传承班子力量，为企业持续健康发展和中国经济转型升级做出更大的贡献[1]。已有实证研究结果表明，建立有利于民族地区企业家成长的市场环境，促进市场化改革有利于增强企业家的创新精神和创业精神[2]。

从市场机制角度来说，民族地区经济发展离不开政府的宏观调控。在市场经济中，政府对地方企业有着强大的控制力，因此政府需要充分发挥其作用。首先要加强制度建设，完善法律法规建设与规范性文件管理机制以及加强法制宣传教育工作，制定相应政策措施和法律法规来约束、规范企业家行为，充分发挥其宏观调控职能。其次是完善市场运行体系及配套设施。建立健全产权交易平台、信息交流网络等中介服务机构。再次是加大宣传力度，提高民族地区企业家参与度和积极性，让民族地区企业家了解自身的重要性和政府的关注程度，从而对政府有信心，进一步促进地方企业和当地经济的发展。

从市场需求角度来说，首先政府要加强民族区域经济规划和产业布局建设；其次要加大招商引资力度，补缺并完善基础设施建设；最后是加大对市场秩序和产品质量的监督力度，建立健全信息公开制度，促进产业结构调整升级，带动当地居民就业水平提升，推动当地经济持续健康增长。民族地区的法律法规建设是一项系统工程，需要政府、企业和公众三方面共同努力，只有这样才能保护民族地区企业和企业家的合法权益。

---

[1] 李兰,仲为国,彭泗清,等.企业家精神与事业传承:现状、影响因素及建议——2020·中国企业家成长与发展专题调查报告[J].南开管理评论,2021,24(01):213-226.
[2] 雷红,高波.市场化进程与企业家精神[J].经济经纬,2022,39(05):121-130.

在社会经济发展过程中，政府的作用是不可忽视的。因此，建议民族地区政府尽可能地减少对市场的干预，优化市场对资源的配置，大力发展民营经济，运用市场竞争机制激励企业家进行创新创业活动。基于民族地区经济社会发展的现实状况和未来发展的目标，积极采取有针对性的激发企业家创新与创业的战略。

一方面，建立有利于民族地区企业家成长的市场环境，进一步推动市场化进程，通过激烈的市场竞争激发民族地区企业家的创新精神，提升民族地区企业家创业能力。另一方面，进一步优化民族地区营商环境，强化企业家公平竞争权益保障，降低企业家办企业的市场准入门槛，反对垄断和不正当的竞争，反对地方保护，依法清理废除妨碍市场公平竞争的各种规定和做法，完善权利平等、机会平等、规则平等的市场环境，厚植激发企业家创业精神的土壤。民族地区政府要为企业家创造良好的市场环境，使他们快速健康地成长，发挥出他们应有的作用。

总之，民族地区政府在市场经济中应发挥其最大作用，在加大对民族地区企业管理力度的同时，一方面需要通过政策引导来推动当地民族地区企业家积极发展壮大，另一方面则需要通过加强法治建设来促进其健康有序地成长发育，以提高社会生产力水平和社会经济效益，为实现可持续发展提供保障，从而使民族地区内各行业、各类所有制企业均能在竞争中获得优势地位。

第三节　健全有利于民族地区企业家成长的制度环境

制度是社会经济发展的产物和基础，而政策则是制度化和规范性保障。我国经济已由高速增长转向高质量发展，创新在民族地区经济发展中的作用越来越重要，已经成为引领民族地区发展的重要动力。富有竞争力的企业是民族地区高质量发展的微观基础。民族地区企业家是创新的重要主体。以创新驱动民族地区经济高质量发展，关键是要健全有利于民族地区企业家成长和创新创造的政策环境、体制机制、人才评价体系等制度环境。

一、创造有利于民族地区企业家成长的政策环境

在法治建设方面，一方面要加强立法工作，由于不同地区文化背景差异较大且各区域间经济基础存在着明显差别等，导致了各地区对市场管理、产品流通以及法律法规的认知程度不尽相同，因此需要制定统一规范化的地方性法规为维护民族自治区域内各族人民之间合法权益和利益提供有力保障；另一方面，民族地区各自治区人民政府应该根据本地方经济社会发展的现实需要和实际情况制定具有针对性、可操作性强而又符合当地特色的法规政策。在法律法规制定过程中，民族地区政府必须充分考虑民族地区经济社会发展的实际情况，不能脱离实际。

在法律法规的执行过程中，民族地区政府要注意对民族自治区域内少数民族群众利益和社会稳定负责，做到有法可依、依法办事。在法律法规制定过程中，民族地区政府要注重法制的执行和监督，确保政策落实到位，同时还应加强法制宣传工作，使民族地区企业、企业家和公众知法懂法、守法用法。

创造良好的法治环境是保障企业和企业家合法权益的关键。完善的法律制度不仅能够有效地对企业家不正当行为进行约束，还能让企业家对自身的权利与义务有明确认识，从而确立和保障企业家的核心地位。民族地区政府可以通过优化法律制度和社会环境，对民族地区企业家的成长产生积极作用。民族地区政府要转变政府职能，做服务型政府，不断完善市场经济体制、改善投资环境和法治环境，避免干预企业的正常合法经营，保障企业家的合法权益，促进企业家和企业的成长与发展。

二、完善有利于民族地区企业家成长的体制机制

民族地区经济社会正处于高质量发展的关键期,需要民族地区的企业家充分发挥其聪明才智。为此,民族地区政府必须完善有利于民族地区企业家成长的体制机制,为民族地区经济发展插上科技创新的翅膀;应加快形成有利于企业家健康成长的培养机制、人尽其才的用人机制、各展其能的激励机制,培植好企业家成长的沃土,让企业家一茬接一茬茁壮成长;应尊重企业家成长的规律,解决企业家队伍中出现的结构性矛盾,构建合理的企业家年龄梯队结构。此外,民族地区政府还应通过大力弘扬新时代企业家精神等,在民族地区健全保护企业家权益的法律制度,明确产权主体的权利和义务,完善对企业家的激励和约束机制。

(一)社会促进机制

社会促进机制是指促进人的成长和发展的机制,人们通过对自身生活环境、生存条件等方面进行不断自我改善与完善会形成一种内在动力。民族地区企业家在经济发展中具有重要作用。政府要充分整合当地各种资源,在政策制定、制度安排等方面,发挥好主导作用,为民族地区企业发展和企业家成长提供有利的市场环境。良好的社会促进机制一是有利于提高民族地区政府市场管理水平,二是可以帮助企业实现经营目标并取得良好的社会效益,三是有利于民族地区经济健康有序地发展。

(二)平等机制

企业家平等机制建设是指建立和完善一套公正、公平、透明的制度和机制,保障企业家在市场经济中享有平等的机会和权利,促进企业家的创新创业活动,推动经济社会的发展。企业家平等机制建设包括政策支持机制建设和信息公开透明机制建设,是一个长期而复杂的过程,有利于企业家在市场中形成良性竞争,有利于市场经济有序发展。

（三）竞争机制

竞争是经济发展的重要方式，可以促进地区的良性循环，也能够带动地方产业结构升级。因此要在竞争中不断提升区域企业家的素质和能力。

（1）加强民族地区企业家之间的交流。民族地区政府应积极组织各行各业的相关企业家到其他行业进行交流学习，通过跨行业交流提升企业家的竞争意识，改善管理方法。

（2）加大对民族地区企业家行为的监督。民族地区政府应建立有效的绩效考评体系与奖惩机制，防止企业间的不正当竞争，稳定市场秩序。

（3）鼓励民族地区企业家进行创新。民族地区政府企业家应为民族地区企业提供新思路并为其实现可持续发展奠定基础，同时也能激发社会活力和创造力。

三、构建符合民族地区经济社会发展需求的人才评价体系

习近平总书记在中央人才工作会议上强调，要完善人才评价体系，加快建立以创新价值、能力、贡献为导向的人才评价体系，形成并实施有利于科技人才潜心研究和创新的评价体系。加快建设世界重要人才中心和创新高地，需要发挥人才评价的指挥棒作用，聚焦国家战略需求，围绕人才成长，促进创新联动，建立创新力、影响力和贡献力"三维"科技人才评价体系，加快培育汇聚一大批战略科学家、一流科技领军人才和卓越工程师、青年科技人才[1]。

创新驱动的本质是人才驱动，综合国力竞争归根到底是人才竞争。目前，人才创新主要由项目和资源驱动，这在一定程度上决定了人才创新的成果。一方面，重大原创项目，尤其是非共识项目获得资助的能力，与申

---

[1] 习近平：深入实施新时代人才强国战略 加快建设世界重要人才中心和创新高地－新华网．

请人的积累和网络（如在该领域的影响力等）有关；另一方面，这关系到评估专家的公正性和专业性。其中，人才评价与选拔、资源配置和目标导向尤为重要。创新人才评价的本质是在技术创新过程中发现、培养和利用人才，引导他们做什么样的研究，并明确研究结果服务于谁。不同创新阶段、不同评价主体、不同创新领域的人才评价尺度存在差异。为加快实现高水平科技自立自强，建设世界科技强国，发挥科技创新对国家发展的战略支撑作用，科技人才评价就需要围绕这一战略目标的实现构建评价体系，坚持问题导向和目标牵引，不断提升引领性、战略性优势[①]。

改革现有针对民族地区企业家的评价体系，构建适应民族地区经济社会发展需要的企业家评价体系。将民族地区企业家从事创新活动的条件优越与否、产出难易与否纳入评价考核体系。对于一些高新技术企业，应考虑延长评价周期，积极克服评价企业家"唯企业规模、唯企业利润、唯企业人数、唯企业资产"等不良倾向，充分发挥企业家评价的指挥棒作用，让政府、市场、员工、社区、顾客等共同评价企业家对当地经济社会的贡献，努力营造有利于民族地区企业家才能充分发挥、创新力量充分释放的创业环境。

第四节 构建新时代民族地区企业家精神

不同时代赋予企业家精神不同的内涵，新时代中国特色社会主义的企业家精神内涵更加丰富，其核心是勇于创新。习近平总书记于2014年在亚太经合组织工商领导人峰会上提出，"市场活力来自于人，特别是来自于企业家，来自于企业家精神"。党的十九大报告中进一步强调要激发和

[①] 黄晨光,陈套.加快构建科技人才评价体系[N].中国社会科学报,2022-02-23(008).

保护企业家精神,鼓励更多社会主体投身创新创业。民族地区高质量发展呼唤企业家精神。企业家精神是企业家所具有的个人素质、价值取向以及思维模式的抽象表达。不同的企业家虽然有个体差异,但在特定的时期仍然存在着共性特征。2020年7月21日,习近平总书记在企业家座谈会上提出了新时代企业家精神,包含爱国、诚信、创新、社会责任、国际视野等。地理因素对企业家精神的形成有影响。已有研究表明,地理因素对企业家精神与收入差距的关系调节效应显著,民族地区要着手解决因地理因素所带来的企业家精神发展和城乡收入不均衡问题,正视地理因素对企业家精神缩小收入差距机制所带来的影响,加强西部民族地区企业家精神培育[①]。

民族地区要践行社会主义核心价值观,结合当地环境培育新时代民族地区企业家精神。企业家精神的建构既根植于市场经济的大环境,又必定打上一定社会历史文化和制度的烙印[②]。民族地区经济社会的发展以及价值观念的变化对企业家精神的建构具有重要影响。因此,基于社会主义核心价值观,构建具有民族地区特色的企业家精神对民族地区企业家的成长具有重要意义。结合民族地区企业家成长影响因素的分析,本书对民族地区企业家精神的界定为:民族地区企业家精神是民族地区经济社会发展的精神力量,是民族地区企业家所拥有的爱国担当、诚信守法、创新创业、国际视野等精神的统称。

民族地区企业家热爱祖国,对国家、对民族、对当地怀有崇高的使命感、责任感和担当精神,把企业发展与地区发展紧密结合,努力创造价值,推动民族地区的经济社会进步。诚信守法是新时代民族地区企业家精神的基本要求,也是民族地区企业家和企业保持良好形象的内在要求。创新创业精神体现了民族地区企业家不安现状、敢于冒险、与时俱进、敢为人先、

---

① 李毅,苏云清,胡西武.民族地区企业家精神对收入差距的作用机理研究——基于青海省2011~2018年数据分析[J].青藏高原论坛,2020,8(03):107-118.

② 王雪.中国企业家成长机制研究[D].北京:中共中央党校,2004.

开拓创新、义无反顾的精神。全球化视野不仅是一种区域和空间范畴,也在一定程度上代表了中国企业家的大格局观,大胸怀、大智慧、大视野,是新时代企业家应该保持的良好精神状态[①]。拓宽国际视野是在新的时代背景下对民族地区企业家的新要求,也是新时代民族地区企业家精神的重要体现。

新时代民族地区企业家精神的构建路径如下。一是提升民族地区企业家的综合素养。民族地区企业家要具有学习精神,勤于学习、勤于思考、善于学习、学以致用,不断提升知识水平和道德素养,适应新时代民族地区经济社会发展的要求。同时民族地区企业家要积极践行社会主义核心价值观,把社会主义核心价值观融入企业经营管理,积极响应国家和民族地区政府的号召,以自身和企业为载体传递正能量。二是营造良好的营商环境。民族地区政府要致力于建立新型政商环境,健全企业与政府的沟通反馈机制,营造"大众创业、万众创新"的干事创业氛围,激发和保护民族地区企业家的创新创业精神。营造公平有序的市场环境也是保障民族地区企业家创新创业的重要因素。三是依法保障民族地区企业家的合法地位和维护其合法权益。保护民族地区企业家的合法权益,保护民族地区经济社会发展环境,对民族地区经济社会发展至关重要。因此,民族地区政府要建立健全保障企业家合法权益的法律制度,完善企业家产权保护制度,建立有效的企业家激励约束机制。

一、创新人才培养机制

一是加强民族地区企业家教育,提高其专业知识水平。二是建立健全激励政策和薪酬制度,以吸引更多优秀管理型、技术型人才。三是加大科研投入力度。四是鼓励高校毕业生到民族地区就业创业或自主创业;民族

---

① 周亚,袁健红.新时代企业家精神的塑形要素、内涵特征及构建路径[J].学习与实践,2022(12):48-58.

第七章　促进民族地区企业家队伍成长的对策建议

地区企业家成长机制的优化需要建立健全完善的约束和激励制度，以促进其发展。

"一带一路"倡议的实施为民族地区企业家成长提供了新机遇。在经济全球化背景下，区域间贸易往来日益频繁、市场竞争日趋激烈，为了更好地推动民族地区企业与国际接轨，发展我国西部民族地区大学生就业创业成为重要议题；同时也是将国家要求中西部高校提高其质量水平及找准教学改革方向等问题提上日程并取得成效的迫切课题之一。这些都要求民族地区企业家要具有更强的素质能力、专业知识技能与创新精神才能适应这种时代性要求而成为企业竞争力之源泉；同时还要求企业家具有良好思维逻辑，善于思考并具备开拓进取意识和竞争合作理念，为企业在新时期实现可持续发展提供动力与保障。

二、构建自我演进机制

（一）学习能力的培养

民族地区企业家加强学习，提高自身素质，是发展和壮大民族地区经济、推动社会主义建设事业顺利进行的重要保障。

一是从思想上重视。在新时期下加快创新型人才培养计划工作是企业家必须高度关注并解决的问题。

二是树立正确观念和价值导向。一方面大力推行"大众创业,万众创新"行动方案，有利于吸引更多优秀人才到民族地区就业；另一方面通过政策引导企业和企业家提供具有市场竞争力、富于创造力并且有发展空间的新型产业化经营实体或平台。

二是通过从源头提升对民族地区创新型人才水平的提升，以及为他们提供更多发展空间等方法来吸引其加入民族地区企业家队伍建设，以打造一支具有创新精神、具备现代经营意识并有创造力的新型企业家团队。

(二)创新能力的培养

民族地区企业家应积极提升自身的管理水平和创新能力,努力成为具有现代经营理念、具备先进生产技能和创新精神的现代化企业管理人员,同时要从多渠道培养创新精神和实践能力,努力成为具有现代经营意识、现代化管理技能以及具备较强竞争优势方面的新型人才,为民族地区经济发展做出贡献。

(三)管理能力的培养

从管理能力方面来看,管理人员需要具备专业知识、职业道德和社会责任感等多方面素质。民族地区企业家应具备创新精神,不断探索新的商业模式和市场机会,以适应市场的变化和发展。民族地区企业家应坚持诚信经营,遵守法律法规和商业道德,以树立良好的企业形象和信誉。民族地区企业家应关注社会责任,积极参与公益事业,回馈社会,以树立企业的社会形象和品牌价值。民族地区企业家应培养团队合作精神,注重团队建设和人才培养,以提高企业的综合竞争力和创新能力。因此,民族地区企业家应该具备良好的管理能力,以更好地服务于当地经济发展,同时还要注重培养自己对市场变化的敏感度,以及洞察力等多方面素质以适应经济全球化趋势下少数民族区域产业结构优化调整要求。民族地区企业家要有较强的经营管理能力,为企业实现可持续发展提供原动力。

市场主体是经济的力量载体,企业是最重要的市场主体。民族地区企业家精神的构建,需要动员全社会的力量来推动。当前我国经济正处于转型升级时期,在这个过程中有许多问题等着民族地区企业家去解决;同时企业自身也要不断完善和创新发展理念、管理经营模式、制度建设等;社会各界都应该积极参与到民族地区企业家队伍的构建当中来,积极发挥各自优势,共同创造一个互利共赢的社会局面。

参考文献

[1] 安世民,季祥,谭春平.基于素质模型的中国企业家成长环境研究[J].科技促进发展,2019,15(08):798-807.

[2] 巴于茜.临夏穆斯林民营企业家研究[D].兰州:兰州大学,2013.

[3] 白云.基于匹配视角的企业家精神与企业成长相互影响机理研究[D].镇江:江苏大学,2021.

[4] 毕玮.中小民营企业家成长机制研究[D].济南:山东财经大学,2012.

[5] 戴玲.企业家成长环境的内生性分析[J].经济理论与经济管理,2005(11):58-60.

[6] 邓红辉.基于知识获取和认知心理强化的企业家成长机理研究[D].武汉:武汉大学,2012.

[7] 邓宏图.企业家流动的博弈模型:经济含义与企业家能力配置[J].经济科学,2002(03):94-102.

[8] 段德忠,杜德斌,桂钦昌,等.中国企业家成长路径的地理学研究[J].人文地理,2018,33(04):102-112.

[9] 丁栋虹.我国企业家研究的主导模式与理论发展[J].理论前沿,1999(24):8-10.

[10] 范明,戚文举.企业家人力资本的核心竞争力作用机理研究[J].江苏大学学报(社会科学版),2007(06):85-88.

[11] 方军雄.捐赠,赢得市场掌声吗?[J].经济管理,2009,31(07):172-176.

[12] 冯炳英.资源学派视角下的企业家成长理论剖析[J].商业时代,2007(32):52.

[13] 冯滢滢. 民族地区经济社会发展态势研究 [D]. 北京：中央民族大学, 2022.

[14] 冯志峰. 供给侧结构性改革的理论逻辑与实践路径 [J]. 经济问题, 2016(02):12-17.

[15] 弗兰克·H. 奈特. 风险、不确定性与利润（1921）[M]. 安佳, 译. 北京：商务印书馆, 2010.

[16] 高勇, 高峰. 企业家职能：理论的演进与发展 [J]. 华东经济管理, 2001(02):38-39.

[17] 耿学洪. 中国企业家成长因素分析 [D]. 大连：大连理工大学, 2002.

[18] 郭嘉刚, 兰玉杰. 论我国企业家的激励约束机制 [J]. 河南科技大学学报(社会科学版), 2008(01):83-86.

[19] 郝苗苗. 异质型人力资本视野下的企业家成长理论探索 [D]. 长春：吉林大学, 2006.

[20] 何涌. 企业家理论及其对发展中经济的适用性 [J]. 经济研究, 1994(07):54-59.

[21] 黄再胜, 曹雷. 国企经营者激励的制度性困境与出路 [J]. 学术月刊, 2008(08):72-78.

[22] 姜宝华. 西南民族地区经济发展研究 [D]. 成都：西南财经大学, 2003.

[23] 蒋伏利. 沧海横流 英雄安在？——首届20名全国优秀企业家去向追踪 [J]. 中国企业家, 1997(09):34-42.

[24] 孔令池. 制度环境、企业家精神与高技术产业集聚 [J]. 中国经济问题, 2020(02):16-29.

[25] 雷红, 高波. 市场化进程与企业家精神 [J]. 经济经纬, 2022,39(05):121-130.

[26] 雷井生, 林莎. 企业家声誉对控制权配置影响的实证研究 [J]. 科学学与科学技术管理, 2011,32(12):160-167.

[27] 黎志成, 侯锡林. 简评管理学中的激励理论 [J]. 科技进步与对策, 2003,20(18):182-185.

[28] 李博,闫存岩.中国企业家成长模式分析——基于企业家资本角度[J].经济问题,2006(05):43-45.

[29] 李娟,马丽莎.营商环境对企业家精神的影响研究[J].商业经济,2020(02):105-107.

[30] 李兰,董小英,彭泗清,等.企业家在数字化转型中的战略选择与实践推进——2022·中国企业家成长与发展专题调查报告[J].南开管理评论,2022,25(05):191-204.

[31] 李兰,仲为国,彭泗清,等.企业家精神与事业传承:现状、影响因素及建议——2020·中国企业家成长与发展专题调查报告[J].南开管理评论,2021,24(01):213-226.

[32] 李兰,仲为国,彭泗清,等.当代企业家精神:特征、影响因素与对策建议——2019中国企业家成长与发展专题调查报告[J].南开管理评论,2019,22(05):4-12+27.

[33] 李新春.企业家过程与国有企业的准企业家模型[J].经济研究,2000(06):51-57.

[34] 李毅,苏云清,胡西武.民族地区企业家精神对收入差距的作用机理研究——基于青海省2011~2018年数据分析[J].青藏高原论坛,2020,8(03):107-118.

[35] 梁黄梦莹.民营企业家成长内部影响因素研究综述[J].科技经济市场,2016(01):197.

[36] 列宁. 列宁全集:第38卷［M］.北京：人民出版社，1988.

[37] 林新奇.中国企业家成长的文化生态研究[J].中国人民大学学报,2007,125(05):85-90.

[38] 刘志永.企业家及企业家理论的历史演变[J].商业经济研究,2016(09):91-93.

[39] 陆秋.白玛多吉企业家精神形成与作用过程案例研究[D].南昌:江西财

经大学,2022.

[40] 罗朝阳.基于企业成长视角以经营型人力资本为枢纽的企业家成长机理研究[D].厦门:厦门大学,2008.

[41] 罗莲.论企业家生成与文化环境[J].中外企业家,2005(02):50-55.

[42] 罗纳德·科斯.企业、市场与法律(1987)[M].盛洪,陈郁,译.上海:上海三联书店,1990.

[43] 马歇尔.经济学原理(1890)[M].朱志泰,陈良璧,译.北京:商务印书馆,1981.

[44] 潘慧春.影响新一代非公有制经济人士成长的内部因素分析[J].湖南省社会主义学院学报,2014,78(02):35-37.

[45] 彭罗斯.企业成长理论[M].上海:上海人民出版社,2007.

[46] 曲亚琳.我国国有企业家成长机制研究[D].开封:河南大学,2007.

[47] 让-巴蒂斯特·萨伊.政治经济学概论[M].赵康英,译.北京:华夏出版社,2014.

[48] 任洲麒.多维分析框架下的企业家成长影响因素及其作用机理研究[D].杭州:浙江大学,2009.

[49] 桑韵欣.大力弘扬企业家精神 壮大企业家队伍——以海安市为例[J].才智,2021(30):127-129.

[50] 宋培林.论企业经营者成长的微观机制:筛选、激励与约束[D].厦门:厦门大学,2002.

[51] 孙庆刚,秦放鸣.中国西部少数民族地区经济社会全面发展的影响因素——综述与评价[J].经济问题探索,2010,333(04):188-190.

[52] 王安全,陈劲.成功企业家的八大素质特征[J].科技管理研究,2002(02):1-3.

[53] 王雪.中国企业家成长机制研究[D].北京:中共中央党校,2004.

[54] 王正香.涉农企业家成长机制研究[D].咸阳:西北农林科技大学,2008.

[55] 威廉·鲍莫尔.企业家精神（1993）[M].孙智君,等,译.武汉：武汉大学出版社,2010.

[56] 熊剑湘.企业家成长影响因素综述[J].北方经济,2012,269(Z1):90-92.

[57] 徐海棠.我国企业家能力成长的演化及成长机制研究[D].武汉：华中师范大学,2014.

[58] 薛澜,陶海青.产业集群成长中的企业家社会网络演化——一种"撒网"模型[J].当代经济科学,2004(06).60-66,108.

[59] 亚当·斯密.国民财富的性质和原因的分析（1776）[M].郭大力,王亚南,译.北京：商务印书馆,1972.

[60] 严文.说过的话和走过的路——联想集团总裁柳传志传略[J].中国企业家,1997(10):40-42.

[61] 杨冯玲,徐鹏飞.中国企业家成长与成长环境的关系研究综述[J].中国集体经济,2014(09):39-41.

[62] 杨伟.甘肃民营企业家队伍成长机制研究[D].兰州：西北师范大学,2008.

[63] 姚水洪.当代中国企业家成长的生态环境[J].煤炭经济研究,2004(06):39-41.

[64] 叶澜,白益民,王枬,等.教师角色与教师发展新探[M].北京：教育科学出版社,2001.

[65] 伊斯雷尔·柯兹纳.竞争与企业家精神（1973）[M].刘业进,译.杭州：浙江大学出版社,2013.

[66] 袁志忠,叶陈毅,罗书章.上市公司高管薪酬激励机制有效性实证分析[J].企业经济,2010(04):176-178.

[67] 约瑟夫·熊彼特.经济发展理论（1934）[M].何畏,易家详,等,译.北京：商务印书馆,2020.

[68] 翟华云.金融市场与民族地区资本配置效率相关性研究[J].财会通讯,2011(14):40-41.

[69] 张海潮. 区域环境下企业家成长的影响因素研究——以吉商为例 [J]. 投资与创业, 2022,33(03):220-222.

[70] 张力恒. 甘肃省企业家成长机制研究 [D]. 兰州：兰州大学, 2008.

[71] 张维迎. 企业的企业家——契约理论 [M]. 上海：上海三联书店、上海人民出版社, 1995.

[72] 张迎春, 李萍. 企业家创新能力对区域经济增长的贡献分析——以辽宁省为例 [J]. 财经问题研究, 2006(09):92-96.

[73] 赵安波. 多维度影响因素视角下的企业家成长研究 [D]. 郑州：河南大学, 2011.

[74] 赵文红, 李垣. 企业家成长理论综述 [J]. 经济学动态, 2002(11):70-75.

[75] 赵文红, 李垣. 中国企业家发展环境的分析框架 [J]. 西安交通大学学报(社会科学版), 2000(01):29-32.

[76] 郑海航. 论中国企业家的成长 [J]. 经济与管理研究, 2003(05):3-8.

[77] 郑予捷. 知识经济时代我国企业家成长发展机制的研究 [D]. 成都：西南交通大学, 2002.

[78] 周明生. 企业家能力及其演化 [J]. 企业改革与管理, 2006(12):8-9.

[79] 周亚, 袁健红. 新时代企业家精神的塑形要素、内涵特征及构建路径 [J]. 学习与实践, 2022(12):48-58.

[80] 戴玲. 企业家成长环境的内生性分析 [J]. 经济理论与经济管理, 2005(11):58-60.

[81] 王安全, 陈劲. 成功企业家的八大素质特征 [J]. 科技管理研究, 2002(02):1-3.

[82] 蒋伏利. 沧海横流 英雄安在？——首届20名全国优秀企业家去向追踪 [J]. 中国企业家, 1997(09):34-42.

[83] 严文. 说过的话和走过的路——联想集团总裁柳传志传略 [J]. 中国企业家, 1997(10): 40-42.

[84] 林新奇.中国企业家成长的文化生态研究[J].中国人民大学学报,2007,125(05):85-90.

[85] 耿学洪.中国企业家成长因素分析[D].大连:大连理工大学,2002.

[86] 薛澜,陶海青.产业集群成长中的企业家社会网络演化——一种"撒网"模型[J].当代经济科学,2004(06):60-66+108.

[87] 赵文红,李垣.关于企业家机会的研究综述[J].经济学动态,2004,519(05):95-97.

[88] 赵文红,李垣.中国企业家发展环境的分析框架[J].西安交通大学学报(社会科学版)2000(01):29-32.

[89] 肯尼斯·阿罗.组织的极限[M].陈小白,译.北京:华夏出版社,2014.

[90] 路德维希·冯·米塞斯.人的行动:关于经济学的论文[M].余晖,译.上海:上海世纪出版集团,2013.

[91] 马克斯·韦伯.民族国家与经济政策[M].甘阳,译.北京:生活·读书·新知三联书店,1997.

[92] 门格尔.国民经济学原理[M].上海:上海人民出版社,2005.

[93] 瓦尔拉斯.纯粹经济学要义[M].蔡受百,译.北京:商务印书馆,1989.

[94] 威廉·鲍莫尔.企业家精神(1993)[M].孙智君,等,译.武汉:大学出版社,2009.

[95] 罗纳德·H.科斯.企业、市场与法律(1987)[M].盛洪,陈郁,译.上海:格致出版社,上海三联书店,2014.

[96] 张维迎.企业的企业家:契约理论[M].上海:上海人民出版社,2015.

[97] 丁栋虹.我国企业家研究的主导模式与理论发展[J].理论前沿,1999(24):8-10.

[98] 李新春.企业家过程与国有企业的准企业家模型[J].经济研究,2000(6):51-57.

[99] 周明生.企业家能力及其演化[J].企业改革与管理,2006(12):8-9.

[100] 冯炳英.资源学派视角下的企业家成长理论剖析[J].商业时代,2007(32): 52.

[101] 雷红,高波.市场化进程与企业家精神[J].经济经纬,2022,39(05):121-130.

[102] 邓宏图.企业家流动的博弈模型:经济含义与企业家能力配置[J].经济科学,2002(03):94-102.

[103] 冯志峰.供给侧结构性改革的理论逻辑与实践路径[J].经济问题, 2016(02):12-17.

[104] 杨伟.甘肃民营企业家队伍成长机制研究[D].兰州:西北师范大学,2008.

[105] 毕玮.中小民营企业家成长机制研究[D].济南:山东财经大学,2012.

[106] Noorlizawati R A, Zainai M, Zaidatun T, et al. Impact of experiential learning and case study immersion on the development of entrepreneurial self-efficacy and opportunity recognition among engineering students[J]. Higher Education Pedagogies,2022,7(1):130-145.

[107] Furlan A, Grandinetti R, Paggiaro A. Unveiling the growth process: entrepreneurial growth and the use of external resources[J]. International Journal of Entrepreneurial Behaviour & Research, 2014,20(1): 20-41.

[108] Yovo A D. Entrepreneurial growth aspirations and familiarity with economic development organizations: evidence from Canadian firms[J]. Journal of Entrepreneurship, Management and Innovation,2015,11(4):161-184.

[109] Chuma M B, Nelson J, Ogachi B K, et al. Pearsons correlation and swot analysis of growth of women entrepreneurs in Dar Es Salaam Tanzania[J]. Mediterranean Journal of Social Sciences, 2013,4(2):505-511.

[110] Neneh N B. From entrepreneurial intentions to behavior: The role of anticipated regret and proactive personality[J]. Journal of Vocational Behavior,2019,(112):311-324.

[111] Bygrave W D, Hofer C W. Theorizing about entrepreneurship[J].

Entrepreneurship theory and practice,1992,16(2):13-22.

[112] Richa C. Factors affecting the growth of women entrepreneurs in MSEs of Dharavi Mumbai[J]. SEDME (Small Enterprises Development, Management & Extension Journal),2014,41(1):15-24.

[113] Lucas S D,Fuller C S. Entrepreneurship: Productive, unproductive, and destructive-Relative to what?[J]. Journal of Business Venturing Insights, 2017,(7):45-49.

[114] O' Shea D, Buckley F, Halbesleben J. Self-regulation in entrepreneurs[J]. Organizational Psychology Review,2017,7(3):250-278.

[115] Močnik D, Širec K. Growth aspirations of early-stage entrepreneurs: Empirical investigation of South-Eastern and Western European countries[J]. Journal of East European Management Studies, 2016, 21(3):298-317.

[116] Manoharan. D Factors Affecting the growth of women entrepreneurs in the construction industry in Malawi[J]. Journal of Trend in Scientific Research and Development,2017,1(6):1107-1110.

[117] Luthans F, Stajkovic D A,Ibrayeva E. Environmental and psychological challenges facing entrepreneurial development in transitional economies[J]. Journal of world business,2000,35(1):95-110.

[118] Andersson O F. A desire for growth? An exploratory study of growth aspirations among nascent nonprofit entrepreneurs[J]. Nonprofit and Voluntary Sector Quarterly,2020,49(4):890-901.

[119] Gartner B. Some suggestions for research on entrepreneurial traits and characteristics[J]. Entrepreneurship theory and practice,1989,14(1):27-38.

[120] Hu R, Wang L, Zhang W,et al. Creativity, proactive personality, and entrepreneurial intention: The role of entrepreneurial alertness[J]. Frontiers in Psychology,2018,(9):951.

[121] Huang M J, Li Z B, Su X F. Anticipated Regret, Entrepreneurial Cognition, and Entrepreneurial Persistence[J]. Frontiers in Psychology, 2022,(13):69-78.

[122] Lee S I, Kim S O, Rha A Y. A Study on the Effect of Young Entrepreneurs Growth Factors on Entrepreneurial Capability and Entrepreneurial Intentions: Focused on the College Students Majoring in Culinary and Foodservice[J]. Culinary Science & Hospitality Research, 2013,19(4):25-39.

[123] Ireland R D, Webb J W. Strategic entrepreneurship: Creating competitive advantage through streams of innovation[J]. Business horizons,2007, 50(1):49-59.

[124] Figueroa-Armijos M, Berns J P. Vulnerable Populations and Individual Social Responsibility in Prosocial Crowdfunding: Does the Framing Matter for Female and Rural Entrepreneurs?[J]. Journal of Business Ethics, 2021,177(2):1-18.

[125] Saeedikiya M, Li J, Ashourizadeh S, et al. Innovation affecting growth aspirations of early stage entrepreneurs: culture and economic freedom matter[J]. Journal of Entrepreneurship in Emerging Economies,2021,14(1): 45-64.

[126] Cardon M S,Kirk C P. Entrepreneurial Passion as Mediator of the Self-Efficacy to Persistence Relationship[J]. Entrepreneurship Theory and Practice,2015,39(5):1027-1050.

[127] Mishra R, Mishra G P, Mishra K L, et al. Understanding the Paradoxical Drop in Growth of Small and Medium Entrepreneurs-Cause, Challenges and Concerns[J]. International Journal of Entrepreneurship,2018,22(2):1-17.

[128] Neneh Brownhilder Ngek. Role Salience and the Growth Intention of Women Entrepreneurs: Does Work-life Balance Make a Difference?[J]. The Spanish Journal of Psychology,2021,24:e1-e4.

[129] Opafunso Z O, Okhankhuele O T. Motivation as a factor responsible for entrepreneurial growth in Nigeria: A case study of Export Logistics Limited, Akure, Nigeria[J]. Mediterranean Journal of Social Sciences, 2014, 5(4): 166.

[130] Pérez-Campdesuñer R, García-Vidal G, Sánchez-Rodríguez A, et al. Influence of the socio-economic environment on the entrepreneurs behavior. Cases of cuba and ecuador[J]. International Journal of Engineering Business Management, 2021, 13.

[131] Zheng P. Entrepreneurial growth and ownership under market socialism in China: A longitudinal case study of small business growth[J]. Journal of general management, 2012, 38(2) : 5-37.

[132] Bhoyar K P. The Venture Capital Investment:A Help for the Growth of Entrepreneurships in India[J]. Journal of Applied Management- Jidnyasa, 2011,3(0): 43-45.

[133] Qian S, Brannon D L, Filiz T. Exploring Mechanisms in the Entrepreneurial Passion-Entrepreneurial Behavior Relationship: Mediating Role of Growth-Oriented Intentions[J]. Journal of Career Development,2022,49(4): 922-933.

[134] Qiu T J. The effects of opportunity motivation and environmental contingencies on market growth strategies of African early-stage entrepreneurs[J]. African Journal of Economic and Management Studies, 2022,13(3): 434-451.

[135] Ali S R. Determinants of female entrepreneurs growth intentions[J]. Journal of Small Business and Enterprise Development,2018,25(3): 387-404.

[136] Castro P R, Mora J U, Laverde P F. High-Growth Aspirations of Entrepreneurs in Latin America: Do Alliances Matter?[J]. Sustainability, 2020,12(7):1-12.

[137] Kapinos R, Roman K, Natalya C,et al. Economics, organization and

management of environmental engineering in farms and rural individual entrepreneurs of environmental orientation[J]. Journal of Physics: Conference Series, 2020,1679(5): 52–75.

[138] Shane S, Venkataraman S. The promise of entrepreneurship as a field of research[J]. The academy of management review,2000,25(1):217–226.

[139] Hina S, Punit S. Women Entrepreneurs in Developing Nations: Growth and Replication Strategies and Their Impact on Poverty Alleviation[J]. Technology Innovation Management Review,2015,5(8):34–43.

[140] Noor S, Isa M F. Contributing factors of women entrepreneurs' business growth and failure in Pakistan[J]. International Journal of Business and Globalisation, 2020,25(4):503–518.

[141] Shane S, Locke A E, Collins J C. Entrepreneurial motivation[J]. Human resource management review, 2003, 13(2): 257–279.

[142] Agarwal S, Ramadani V, Dana P L, et al. Assessment of the significance of factors affecting the growth of women entrepreneurs: study based on experience categorization[J]. Journal of Entrepreneurship in Emerging Economies, 2021,14(1): 111–136.

[143] Su X H, Liu S M, Zhang S T, et al. To Be Happy: A Case Study of Entrepreneurial Motivation and Entrepreneurial Process from the Perspective of Positive Psychology[J]. Sustainability, 2020,12(2): 584.

[144] Arasti Z, Rezayee O S, Zarei B, et al. A Qualitative Study on Environmental Factors Affecting Iranian Women Entrepreneurs' Growth Orientation[J]. Journal of Management and Strategy, 2012,3(2) : 39.

[145] Zhao J N. The Deviated Mechanisms between Chintrepreneurship and Entrepreneurship–Collectivism or Individualism in Forming the Mechanism of China-way of Entrepreneurship[J]. Management and Organizational

Studies, 2017,4(3) : 51-79.

[146] Zhao Y Q, Zhao X F, Qin Y J. Influence Mechanism of Dynamic Evolution of Chinese Entrepreneurs' Entrepreneurial Motivation on Performance-The Role of Turning Points and Empathy[J]. Frontiers in Psychology, 2020,11: 474.

[147] Zhu F, Kai D H, Katrin B L, et al. An Investigation of Entrepreneurs' Venture Persistence Decision: The Contingency Effect of Psychological Ownership and Adversity:ENTREPRENEURS' VENTURE PERSISTENCE DECISION[J] Applied Psychology,2018,67(1):136-170.

[148] Zhu X W, Liu Y, He M, et al. Entrepreneurship and industrial clusters[J]. Small Business Economics,2019,52(3):595-616.

[149] Gartner W B. Some suggestions for research on entrepreneurial traits and characteristics[J]. Entrepreneurship theory and practice, 1989, 14(1): 27-38.

[150] Baumol W J. Entrepreneurship: Productive, unproductive, and destructive[J]. Journal of business venturing, 1996, 11(1): 3-22.

[151] Bygrave W D, Hofer C W. Theorizing about entrepreneurship[J]. Entrepreneurship theory and practice, 1992, 16(2): 13-22.

[152] Shane S, Venkataraman S. The promise of entrepreneurship as a field of research[J]. The academy of management review, 2000, 25(1): 217-226.